跟北大清华学生一起读60本青年必读书

读书，特别是阅读那些经典著作，能让我们的视野变得更加开阔，心胸变得更加博大，生活变得更加丰富，思想变得更加深刻，情感变得更加细腻……

跟北大清华学生
一起读60本青年必读书

孙晓韫　编著

研究出版社

图书在版编目（CIP）数据

跟北大清华学生一起读60本青年必读书/孙晓韫编著.
— 北京：研究出版社，2013.4（2021.8重印）
（越读越聪明）
ISBN 978—7—80168—800—2

Ⅰ．①跟…

Ⅱ．①孙…

Ⅲ．①推荐书目—世界—青年读物 ②推荐书目—世界—少年读物

Ⅳ．①Z835—49

中国版本图书馆CIP数据核字（2013）第083371号

责任编辑：曾　立　　责任校对：张　璐

出版发行：研究出版社
　　　　　　地　址：北京1723信箱（100017）
　　　　　　电　话：010—63097512（总编室）010—64042001（发行部）
　　　　　　网址：www.yjcbs.com　E—mail: yjcbsfxb@126.com

经　　销：新华书店
印　　刷：北京一鑫印务有限公司
版　　次：2013年6月第1版　2021年8月第2次印刷
规　　格：710毫米×990毫米　1/16
印　　张：14
字　　数：180千字
书　　号：ISBN 978—7—80168—800—2
定　　价：38.00 元

前　言

　　每一个人的成长都离不开书籍。读书，特别是阅读那些经典著作，能让我们的视野变得更加开阔，心胸变得更加博大，生活变得更加丰富，思想变得更加深刻，情感变得更加细腻……英国19世纪伟大的社会改革家、作家塞缪尔·斯迈尔斯说："一本好书，就像一个最好的朋友。它始终不渝，过去如此，现在仍然如此，将来也永远不变。它是最有耐心、最令人愉快的伴侣。在我们穷愁潦倒、临危遭难的时候，它不会抛弃我们，而是一如既往，并会给我们以思想上的启迪、心灵上的慰藉和行动上的指导。"著名作家巴金先生也曾说过："读书是在别人的思想的帮助下，建立自己的思想。"读书虽然不能使一个人的生命变长，却可以使一个人的生命变宽。

　　但是，"吾生也有涯，而知也无涯"，面对浩瀚书海，我们常会感到无所适从，每一部名著都像一座高山，层峦叠嶂，令人仰望而心生感叹：应该读些什么？从哪里开始读？怎样才能在漫无边际的书海中，"打捞"出那些不可与自己的生命擦肩而过的"好"书呢？怎样才能在有限的时间里多读几本书，多读几本有用的书？这个时候，一本很好的参考书和指导书是必不可少的，《跟北大清华学生一起读60本青年必读书》便是在这种情况下产生的，为具有进步思想的、想要通过读书走向优秀的读者制定读书计划，提供参考指南。

　　北大和清华是我国著名的高等学府，是无数莘莘学子心驰神往的所在。所以，在选取名著时，我们着重参考了北大、清华数十位国内外知名专家、学者为学生开列的书单，舍弃专业性过强的书，将落脚点放在思想、心灵、涵养、品德的塑造上，优中选优，最终选择了其中的60种。这些著作蕴含着无穷的智慧和力量，有些影响了一个时代，有些对某个学科的发展起了决定性作用。

　　在体例上，本书由"最伟大的思想书""最经典的文学书""最优秀的文化书""最积极的励志书""最暖人的心灵书"和"最实用的指导书"六部分组成，分别收录了在这六大领域中极具影响力的巨著或顶尖大师的经典之作。如被誉为"西方经济学'圣经'"的《国富论》、被称为"古希腊文化的最高代表"的《理想国》、有"生活的哲学"美誉的《蒙田随笔》，还有成功学大师戴尔·卡耐基、拿破仑·希尔等人的经典作品。

在具体内容上，本书通过"作者简介""内容精要""必读理由""阅读指导"等栏目，从不同的角度和层面剖析作品，浓缩原著精华，提炼作品主旨，捕捉作品之中的点睛之笔。用通俗易懂的文字诠释大师们深邃的思想，用简洁的话语阐述了这些伟大作品的精华，给读者创造出一种轻松的阅读环境，让读者在较短时间内跨越鸿篇巨制的障碍，领略名著的风采，同时也为读者以后深入阅读这些经典奠定基础。

本书是对众多名著的集成之作，是对经典的浓缩，是众多大师智慧精华的缩影。走进本书，在国内一流的专家、学者指导下，快速了解和学习世界名著，制定自己的读书计划。

目 录 CONTENTS

第二章 最经典的文学书：提升涵养，提高境界

第三章　最优秀的文化书：培养知书达理的气质

第四章　最积极的励志书：激活生命的无尽能量

第五章　最暖人的心灵书：消除烦恼的灵丹妙药

第六章　最实用的指导书：掌握为人处世的技巧

第一章

最伟大的思想书：智慧的思考需要指引

中国儒学最重要的一部经典
——《论语》

作　　者：孔子弟子及再传弟子

成书年代：春秋战国时期

必读理由：儒学最重要的一部经典

　　　　　对中华民族影响最深远的一部书

【作者简介】

儒家学派创始人

　　孔子（公元前551—公元前479年），名丘，字仲尼，鲁国陬邑（今中国山东曲阜市东南）人，中国春秋末期著名的思想家、教育家，儒家学派创始人。

　　孔子年轻时做过几任小官，但他一生大部分时间都是从事教育，相传所收弟子多达三千人。孔子教出不少有知识有才能的学生，例如精通六艺的"七十二贤人"，和在德行、政事、言语和文学方面出众的"孔门十哲"。孔子曾修《诗》、《书》，定《礼》、《乐》，序《周易》，作《春秋》。孔子的思想及学说对后世产生了极其深远的影响。

【内容精要】

记录孔子及其弟子言行

　　《论语》是由孔子的弟子及其再传弟子编撰而成，共20篇，成书时间大约在春秋战国时期。它以语录体和对话文体为主，记录了孔子及其弟子的言行，集中体现了孔子的政治主张、伦理思想、道德观念及教育原则等。《论语》的思想内容广博丰富，分类难得正确标准。略举纲要，可分为以下各类：

　　第一，治国为政。孔子的核心思想是"政者正也"。这个"正"，就是正人和正名。正人，是要使人走上正道，包括正人和正己。不只是对百姓进行道德教育，当权者自身也要正。正名，就是"君君、臣臣、父父、子子"，即人人都安于其位，按他的身份做该做的事，享受该享受的权利，恢复原来的礼制秩序。孔子主张为政以德。"道之以德，齐之以礼"，是孔子为政以德思想的概括说明。"德"和"礼"是统一不可分的两个方面，二者的结合、统一是孔子思想中的一个重要内容。孔子还把政权巩固的基础放在百姓的富足和信任上。子贡问政，子曰："足食，足兵，民信之矣。"

第二，教育思想。孔子一生把主要的时间和精力都用在教育上，他私人办学、招弟子，主张"有教无类""因材施教"。此外，《论语》一书也体现了孔子关于教与学方面的见解。他提倡启发式教学，"不愤不启，不悱不发，举一隅不以三隅反，则不复也"；提倡踏实的治学态度，"知之为知之，不知为不知，是知也"；并提出了一些具体的学习方法，例如，"温故而知新""学而不思则罔，思而不学则殆"……

第三，为人之道。孔子全部思想的核心，是讲做人的道理。《论语》中的为人之道，大体可以分为三个方面：（一）人生理想方面。"士不可以不弘毅，任重而道远。仁以为己任，不亦重乎？死而后已，不亦远乎？"指出人应志于道。（二）孔子提出的做人的理想标准是"君子"。仁与礼是孔子对君子的要求，"克己复礼为仁"，仁是灵魂，礼是形式。（三）修养方面。立志也好，要做一个君子也好，都要通过学习和修养才能达成目标。子曰："性相近也，习相远也。"人先天的性是相近的，差别主要来自后天的影响和习染，所以人需要并可以通过后天的学习、修养来改变、提高自己。这里，修养的基本态度可以概括为"三个己"——为己、由己和求诸己。为己是指学习和修养皆出自自己内心的要求，目的是为了提高、完善自己；由己是指在修养方面不存在心有余而力不足的问题；求诸己则是指凡事首先要从自己方面要求，而不是去要求别人。"三个己"体现了立足于个人自觉的精神。

【必读理由】

儒学最重要的一部经典

《论语》是儒学最重要的一部经典。自汉武帝起的两千多年来，儒学是中华文化的主干，而孔子是儒学的创始人，孔子提出的以"仁、义、礼"为基础的儒家思想，基本都体现在《论语》中。从一定意义上说，儒学的基本范式在《论语》中即已形成，而后儒则只是不断地对孔子儒学进行诠释与发挥、发展。

此外，《论语》之所以是儒学最重要的一部经典，还在于这本书是了解和研究孔子的最重要的资料。

对中华民族影响最深远的一部书

自汉武帝采纳董仲舒"罢黜百家，独尊儒术"的意见以后，儒学成为国学，其地位便一跃而在其他学派之上，这种情况一直维持到清代末期。作为儒家核心著作的《论语》，其影响便不言而喻。

《论语》一书的内容十分广泛，包括哲学、政治、教育、文学、艺术乃至立身处世之道等等。文字简短，精练质朴，含义很深，不少句子被人们当作格言来奉行，对中华民族的民族精神及道德观念起到了重大影响。

例如，《论语》一书始终渲染一种平和博爱的情怀。孔子认为仁者需行五者于天下，即恭、宽、信、敏、惠，也就是恭敬、宽恕、诚信、勤敏、慈惠。除了勤敏一条之外，其他四条的实质皆是向他人付出，这体现在政治理念方面，就要求为政者要以民为本，克制私欲，行中庸之道；反映到百姓身上，则要求温柔敦厚，乡风古朴。

孔子赞扬颜回："贤哉！回也，一箪食，一瓢饮，在陋巷。人不堪其忧，回也不改其乐。贤哉！回也。"颜回安贫乐道，不慕虚荣，这是孔子称赞他的本意。但就是这么一段话，被后世无数追求心灵平和的文人奉为精神支柱，普通百姓则因为有了这种心态而更能忍受苦难。

"君子固穷""不义而富且贵，于我如浮云"等格言是中国士大夫所奉行的人格操守，构筑了中华民族不肯为五斗米折腰、淡泊名利、看重气节的铮铮铁骨。

另外，中国人的思想中都渗透了《论语》所提倡的礼乐文化思想，中国也因此号称"礼仪之邦"。

《论语》一书对中华民族语言的影响也同样深广。《论语》中的许多语句都变成了成语，例如"和为贵""既往不咎""鸣鼓而攻之""杀鸡焉用牛刀""三人行必有我师""不在其位，不谋其政"等等，皆属此类。另外有一些成语则由《论语》里的话节缩或改造而成，如"居敬而行简"节缩为"居敬行简"，"敬鬼神而远之"节缩为"敬而远之"，"片言可以折狱"节缩为"片言折狱"，"见义不为，无勇也"改造为"见义勇为"，"民无所措手足"改造为"手足无措"，"举一隅不以三隅反"改造为"举一反三"。这样的例子不胜枚举。

由此可见，《论语》不仅影响了中国几千年的发展进程，还深刻地影响着每一个中国人的思想和行为模式，成为中国人品格和心理的理论基础。以孔子思想为代表的儒家文化博大精深，构成了中华民族传统文化的主流和基础，时至今日仍在社会生活中发挥着巨大的积极作用。

【阅读指导】

读此书时，先要略知孔子所处的时代背景，《左传》、《国语》是最好的参考书。

由于《论语》是语录体，是若干断片的篇章集合体，这些篇章的排列不一定有什么关联，所以我们最好以教义要点——如论"仁"、论"学"、论"君子"等为标准，逐条抄出，比较阅读。

此外，由于《论语》涉及的思想内容很广，我们阅读时不必贪多务广，只要能将适合自己使用的记诵下来，并身体力行，便可以终身受用。

最具浪漫色彩的道家经典
——《庄子》

作　　者：庄子

成书年代：战国时期

必读理由：道家学派最重要的经典之一

　　　　　浪漫主义精神影响深远

【作者简介】

道家学派主要代表

　　庄子（约公元前369—公元前286年），名周，战国时宋国蒙（今安徽蒙城，另说河南商丘）人，先秦著名思想家、哲学家、文学家，道家学派的主要代表人物之一。他曾做过蒙地漆园小吏，管理生产漆的工匠，任职不久即辞官。庄子视仕途为草芥，不追逐官禄，因而家境贫寒，一生穷困潦倒，除讲学、著述外，有时靠打草鞋维持生活，有时靠钓鱼糊口。相传楚威王以厚金聘他做楚国的丞相，但他却坚辞不就，后来终身脱离仕途，过着隐居的生活。

　　庄子蔑视权贵，鄙视吏禄，追求个人自由。他猛烈地抨击当时的社会，在文章中大声疾呼"圣人生而大盗起"，直接把矛头指向暴君，表现出对统治者和当时社会制度的不满和蔑视。

【内容精要】

顺乎自然，逍遥自由

　　《庄子》亦称《南华经》，传世的郭象注本只有33篇：《内篇》7篇，《外篇》15篇，《杂篇》11篇。一般认为，《内篇》思想连贯，文风一致，是全书的核心，应当属于庄子的著作，《外篇》、《杂篇》冗杂，有可能是庄子门徒或后学者所作。

　　《内篇》7篇分别是《逍遥游》、《齐物论》、《养生主》、《人间世》、

《德充符》、《大宗师》和《应帝王》。

《逍遥游》主旨是讲人应该忘绝现实，超脱于物，达到逍遥自由的境界。

《齐物论》表述了庄子的"天地与我并生，万物与我为一"的思想，强调自然与人是有机的生命统一体，肯定物我之间的同体融合。

《养生主》主要讲人生观，即养生之道或原则。庄子正面阐述养生的原则，就是要"缘督以为经"，即顺乎自然的中道。

《人间世》是讲处世哲学，以一连串的寓言来说明待人接物要安顺，并说明有用有为必有害，无用无为才是福的道理。

《德充符》主要是讲道德论。通过寓言的形式，写了几个肢体残缺、形状丑陋的人，他们的道德却完美充实。

《大宗师》的主旨是讲"道"和如何"修道"。修养的方法就是"坐忘"，即通过暂时与俗情世界绝缘，忘却知识、智力、礼乐、仁义，甚至我们的形躯，达到精神的绝对自由。

《应帝王》主要是讲政治，通过寓言来强调"无为"的重要性。

《外篇》和《内篇》中还有许多有价值的思想，如在《秋水篇》中提到物质的无穷性、时空的无限性和事物的特殊性，在《则阳篇》中论述了关于矛盾对立面相互依存和相互作用的思想，《天下篇》是介绍先秦几个重要学派哲学思想的专论。

【必读理由】

道家学派最重要的经典之一

道家是中国春秋战国诸子百家中最重要的思想学派之一。在中国古代的哲学思想中，道家学说是唯一能与儒家和后来的佛家学说分庭抗礼的最伟大的学说，它在中国思想发展史上占有的地位绝不低于儒家和佛家。随着历史的发展，道家思想以其独特的宇宙、社会和人生领悟，在哲学思想上呈现出永恒的价值与生命力。

庄子在哲学上继承、发扬了老子和道家的思想，形成了自己独特的哲学思想体系和文学风格。他认为"道"是客观真实的存在，把"道"视为宇宙万物的本源，讲天道自然无为。"天"与"人"是相对立的两个概念，庄子主张顺从天道，而摒弃"人为"，摒弃人性中那些"伪"的杂质。顺从"天道"，从而与天地相通的，就是庄子所提倡的"德"。

庄子在政治上主张无为而治，在人类生存方式上主张返璞归真。他把提倡仁义和是非看作是加在人身上的刑罚，对当时统治者的"仁义"和"法治"进行抨击。他对世俗社会的礼、法、权、势进行了尖锐的批判，提出了"圣人不死，大盗不止""窃钩者诛，窃国者为诸侯"的精辟见解。

在人类生存方式上，他崇尚自然，提倡"天地与我并生，万物与我为一"的精神境界，并且认为，人生的最高境界是逍遥自得，是绝对的精神自由，而不是物质享受与虚伪的名誉。庄子这些思想和主张，对后世影响深远，是人类思想史上一笔宝贵的精神财富。

《庄子》博大精深的思想影响了一代又一代中国人。从魏晋玄学，到宋代理学；从嵇康、阮籍、陶渊明，到李白、苏轼，再到汤显祖、金圣叹、曹雪芹等，都从《庄子》中汲取了营养。

《庄子》以其汪洋恣肆、瑰丽多姿的文辞深深地吸引了历代文士，而庄子所提出来的人格理想、超然适己的生活精神，更是深刻地参与构建了中国传统文人的内在精神世界。

此外，值得一提的是，后世道教继承了道家学说。经魏晋南北朝的演变，老庄学说成为道家思想的核心内容，庄子其人也被神化，奉为神灵。唐玄宗时期，庄子被尊为"南华真人"，所著书《庄子》也被称为《南华真经》。

浪漫主义精神影响深远

《庄子》是中国乃至世界的一笔宝贵的文化遗产，不仅作为一种哲学思想，影响了中国乃至世界几千年，而且以其浪漫主义文学的写作风格，影响了中国几千年的文学创作，直到今天依然可以看到其生命的活力。具体影响表现在以下两点：

首先，丰富的想象、大胆的夸张形成的浪漫主义的表现手法。通过寓言和比喻来说理，增添了文章的艺术感染力。庄子巧妙地运用寓言，创造出很多虚构的场景、人物，来表达自己超脱的观念和想法。这些描绘的情景本身和其中蕴含的思想，都超脱现实，是心灵的乌托邦，深深感动着陶渊明、李白等后世文人。在他们对现实不满、感到污浊憋屈的时候，这个清风满面、亦仙亦幻的乌托邦就给了他们心灵的救赎。庄子以散文名世，李白以诗篇名世，虽然体裁不同，但李白的文风也正是上天入地、气象恢宏，想象力超绝、洋溢着自由浪漫的气息，这点与庄子是遥相呼应的。

其次，《庄子》极高的语言造诣对后世影响深远。《庄子》语汇丰富，文辞富丽，用语新奇，声调和谐，善用比喻、夸张、排比等修辞手法，感情充沛，富有抒情意味和诗性，极富表现力和独创性。因此鲁迅先生曾评论说："其文汪洋辟阖，仪态万方，晚周诸子之作，莫能先也。"

【阅读指导】

《内篇》是《庄子》一书的核心，每一篇都应该认真研读，每一篇的中心句都应该准确把握。

另外，有治学者指出，读庄子不要向"难处"想，而要向"简单"的地方去想。因为，庄子所采用的材料，都是些"鸟、虫、鱼、树"，以及一般日常生活中的小品，或是说故事、讲寓言、述梦境等等，也就是我们日常生活中的方法。所以能用自己的方法来读，就是读《庄子》最好的方法，也就是《庄子》崇尚的"自然法"。

古希腊文化的最高代表
——《理想国》

作　者：柏拉图

成书年代：古希腊时期

必读理由：西方影响最深远的哲学著作

西方文化的奠基之作和百科全书

思维的乐趣，智慧的魅力

作者简介

西方客观唯心主义的创始人

柏拉图（约公元前427年—公元前347年），原名阿里斯托勒斯，是古希腊哲学、全部西方哲学乃至整个西方文化最伟大的哲学家和思想家之一。他是"西方孔子"——苏格拉底的学生。

他热爱祖国，热爱哲学。他的最高理想是，哲学家应为政治家；政治家应为哲学家。哲学家不是躲在象牙塔里的书呆子，应该学以致用，求诸实践。有哲学头脑的人，要有政权；有政权的人，要有哲学头脑。本着这一理想，他曾到埃及、小亚细亚和意大利南部从事政治活动，企图实现他的政治理想。后来，柏拉图放弃政治，讲学著书。他一生著述颇丰，其思想主要集中在《理想国》和《法律篇》中。

柏拉图是西方客观唯心主义的创始人，其哲学体系博大精深，他的《理想国》为西方知识界必读之书。

内容精要

"理念论"上的"理想国"

《理想国》又译作《国家篇》或《共和国》。该书既是西方政治学的开山之作，也是人类思想史上的经典著作之一，内涵丰富，包罗万象，博大精深，堪称一部经典的百科全书。这部"百科全书"以苏格拉底为主角用对话体写成，其观点不仅是柏拉图对自己哲学思想的概括和总结，而且是当时各门学科的综合。它探讨了哲学、政治、伦理道德、教育、文艺等等各方面的问题，以理念论为基础，建立了一个系统的理想国家方案。柏拉图在书中构想了一个正义的城邦，由哲学王、护卫者和公民组成，分别对应人的理智、激情和欲望。他认为一个善的人，应该是欲望受到理智的掌控，并且有激情的辅佐，正如同国家的公民在哲学王的善的统治下，辅以护卫者一样。这样的国家正是柏拉图的"理想国"。

基于理念论，他认为灵魂本身具有一种认识能力，教育能使这种能力掌握正确的方向，使它从黑暗转向光明，从现象的世界走向真实的世界。因此，教育也是《理想国》的重要主题之一。柏拉图设计了一套理想的教育课程，除了体育和音乐这两门初等课程之外，还必须学习算术、平面几何、立体几何、天文学和谐音学等5门课程。按照这个次序将灵魂从可见世界逐步引向哲学，其目的是为了培养国家统治人才，促成他们的灵魂转向。

必读理由

西方影响最深远的哲学著作

在西方哲学的各个学派中，很难找到一个学派，没有吸收过这一著作的营养。

柏拉图哲学的核心概念是"理念"，他的哲学亦因此而被称为"理念论"。柏拉图认为，人在现实世界就如同身处黑暗的洞穴中，只能借助洞口照射进来的光线，在洞穴壁上的影子中观察和认识真实世界。在柏拉图眼中，现实世界是不完满的、不真实的，只有理念才是真实的、完满的；现实的国家也是不完满的，所以他要构造一个理想国。他要人们向这个方向努力，研究问题从理念出发，能系统地批判现实中的弊病，提出整套解决方案。从柏拉图开始，西方后来的奥古斯丁的上帝之城、洛克的权力分立说、卢梭的社会契约论和罗尔斯的无知之幕，都采取了从理念出发的研究方法。

当然，也有人反对这种研究方法，柏拉图的弟子亚里士多德就是如此。他更看重经验的价值，对政治推理得出的论断的可靠性表示怀疑，主张学术研究要建立在经验的基础上，以经验为据。这就从柏拉图的演绎主义转向了经验主义，从思辨转向了实证。

然而，无论是注重理念的演绎主义还是后来的经验主义，都可看出柏拉图"理念论"的深远影响。这本著作对西方哲学的启蒙作用被普遍认可，因此，柏拉图被称为西方哲学的奠基人。

西方文化的奠基之作和百科全书

《理想国》是西方文化的奠基文献，为西方知识界必读之书。其中的学问可称为综合性的。书中讨论到优生学问题、节育问题、家庭解体问题、婚姻自由问题、独身问题、专政问题、独裁问题、共产问题、民主问题、宗教问题、道德问题、文艺问题、教育问题（包括托儿所、幼儿园、小学、中学、大学研究院，以及工、农、航海、医学等职业教育），加上男女平权、男女参政、男女参军等等问题，许多观点震古烁今，阅读者可以从中提取自己想要的答案。

例如，关于立法与利益。柏拉图指出："我们的立法不是为城邦任何一个阶级的特殊幸福，而是为了造成全国作为一个整体的幸福。它运用说服和强制，使全体公民彼此协调和谐，使他们把各自能向集体提供的利益让大家分享。"柏拉图描绘的这一理想蓝图，满怀着憧憬，被后来的空想主义者所向往。

关于教育理念。柏拉图非常重视教育问题，他为理想国设定的很多规矩、礼仪、道德，都没制定成法律，而是寄希望于从小时候开始的教育。这些教育理念，对后世的教育发展有着很大的影响。

关于人的发展。柏拉图把国家建设的希望寄托在"哲学王"身上只是一个比喻，他说明，只有高尚的心灵才能有高尚的行为，才能建设高尚的国家。哲学家是爱智慧的人，"不过那种对任何事情都好奇的人还不是真正的哲学家，只有热忱于寻求真理的人才是哲学家"。他主张人需要身心和谐发展，他在此书中强调"用体育锻炼身体，用音乐陶冶心灵"。

关于文艺思想。柏拉图认为艺术世界是第三性的，是对现实世界的摹仿，距离真理更遥远，是"影子的影子，摹本的摹本"。站在理念高度的基点上，柏拉图贬低了文艺的作用和诗人、艺术家的地位，提出要把"诗人驱逐出理想国"。他强调文艺必须对人类有用，有益于城邦，合于城邦制定的规范。这一点有其可取之处，对后世的现实主义文艺流派有深远影响。

另外，在后世哲学和基督教神学中，柏拉图的思想也保持着巨大的辐射力。

思维的乐趣，智慧的魅力

在这本书中，柏拉图借苏格拉底的辩论，一步步将自己客观唯心主义的哲学思想完整表达出来，同时通过对城邦的哲学、道德、政治、经济、文化、艺术等方面的争论，设定了一系列的制度和规定，并在辩论中不断完善，一步步建立了他心目中的"理想国"的蓝图，向世人展现了自己的政治理想。全书的结构就是一个巧妙完整的思维体系，能带给读者一种思维上的锻炼和启发。

另外，这本书中的辩论主角（苏格拉底）那种令对方难以招架的论辩艺术，飞快、机智的思维方式，能给读者带来一种奇妙的思维乐趣和阅读快感。

读者还能从《理想国》一书里拮取许多智慧感言，例如：

"在短暂的生命里寻找永恒。"

"尊重人不应该胜过尊重真理。"

"初期教育应是一种娱乐，这样才更容易发现一个人天生的爱好。"

"最有美德的人，是那些有美德而不从外表表现出来，仍然感到满足的人。"

"好人之所以好是因为他是有智慧的，坏人之所以坏是因为他是愚蠢的。"

"一切背离了公正的知识都应叫做狡诈，而不应称为智慧。"

"不知道自己的无知，乃是双倍的无知。"

"每个在恋爱中的人都是诗人。"

……

像这样的良言警句、奇思妙语，就像海边沙滩阳光下的贝壳，在书中俯拾即是。

阅读指导

一、细读法。《理想国》关键在于细读，不能断章取义，而应对全书内容进行分析性的阅读——"慎思明辨"，确有心得。

二、提纲挈领阅读法。本书的核心是"理念论"，阅读时应弄清楚每个内容和这一理论之间的联系。这样去读，才能更好地理解这部"百科全书"，否则会"只见树木，不见森林"。

第一本杰出的政治学著作
——《政治学》

作　　者：亚里士多德

成书年代：古希腊时期

必读理由：开创西方传统政治学体系

　　　　　思想博大精深、给人多方面启发的经典著作

【作者简介】

古希腊最博学的哲学家

　　亚里士多德（约公元前384年—公元前322年），古希腊哲学家、逻辑学家、科学家。他从18岁到38岁，在雅典跟柏拉图学习哲学。柏拉图去世后，他开始游历各地。后来重返雅典，创办吕克昂学园，创立了自己的学派。

　　亚里士多德总结了泰利斯以来古希腊哲学发展的成果，首次将哲学和其他科学区别开来，开创了逻辑学、伦理学、政治学和生物学等学科的独立研究，其学术思想对西方文化的发展影响深远。在他以前，科学家和哲学家都力求提出一个完整世界体系。在他以后，许多科学家开始放弃提出完整体系的企图，转入研究具体问题。

　　亚里士多德被马克思称为古希腊哲学家中最博学的人物，他一生著述非常多，涵盖的学科非常广泛，其著作有"古代的百科全书"之称。其中，最重要的著作有《工具论》、《物理学》、《形而上学》、《伦理学》、《政治学》等。他的思想曾经统治过全欧洲，改变了几乎全西方的哲学家，对人类产生了深远的影响。

【内容精要】

政治学的研究对象和研究方法

　　从《政治学》一书可以看到：亚里士多德的政治观念与现今流行的政治观

念有所出入，他认为政治学是为了追求人的最高的善，是一切科学和技艺中最有权威、最主要的学术，其余各种格外为人看重的技能，如军事之术、家政之术、修辞术等，全都归属于政治学之下，为其所利用。

这本书中充满了这位大哲学家权威的政治见解和独特敏锐的论证。该书以"城邦"作为政治学的研究对象，研究所谓"至善"的城邦。

全书分为八卷。第一卷是一个序言，主要讨论了"政治学应当从何处开始"和"什么是城邦"。从第二卷开始，亚里士多德讨论了各种政体，反对柏拉图整齐划一式的最理想的城邦组合形成。政体的研究也是该书的核心和关键。第三卷讨论城邦的基本要素——公民的定义，提出"只有享受平等政治权利的人才是公民"，"即使不具有一个善良之人应具有的德行，也可能成为一个良好的公民"。

第四卷是全书的重点部分——政体的分类。亚里士多德对各种政体进行了比较，特别是对于寡头政体和平民政体的比较：寡头政体崇尚财富，把富人当政、政治权利的不平等分配看做正义；平民政体追求自由，认为一切都应当平等，视政治权利的平均分配为正义。亚里士多德还提出由多数人掌权是合乎公道的观点。第五卷，亚里士多德讨论了各种政体覆灭更替的原因，以及保存政体的最佳方法是什么。在最后的七、八两卷，亚里士多德重新回到了对于理想城邦的讨论，认为最优秀的政体就要有最值得选取的生活。此外，该书还涉及了关于幸福的讨论，以及对于土地分配、共餐制、子女的抚养和教育问题等的讨论。

【必读理由】

开创西方传统政治学体系

《政治学》一书开创了西方传统政治学体系，使政治学从哲学、伦理学中分离出来，成为一门独立学科。亚里士多德在《政治学》中阐述的理论和方法，在西方乃至世界政治法律思想史上占有重要的地位。其中的研究方法为后来的许多思想家和研究者所仿效；其中的许多主张，尤其是关于政体的分类理论，对后世影响极大，西方思想家都直接或间接沿用亚里士多德的政体理论。

《政治学》一书中有关城邦方面的政治思想也深深地影响了此后的政治家和学者。在这本书中，亚里士多德从说明人类社会组织入手，说明人类的社会团体的目的是善，而政治性的社会团体的目的在于最高尚的善。认为城邦与个人相同，修善才快乐。幸福是善的极致和完全实现。欲达到幸福，一个城邦和其中的公民必须拥有健康的身体、适当的财富和生活条件。这些思想对于现今的社会和个人还具有积极的指导作用。

思想博大精深、给人多方面启发的经典著作

该书虽为一部政治学著作，可是却不局限于一个领域，其思想博大精深，处处都迸发着思想的火花。例如："世上有三善：身外之善、身体之善、灵魂之善，幸福在于诸善的综合"，"城邦的本性就是多样化"，极富哲理内涵；"道德选择权力"，亚里士多德认为权力是为了向善的，国家是为了达到人类道德和理智生活最高目的的社会组织。这些思想对后世产生了深远的影响。

此外，在本书的写作中，亚里士多德不是把自己所持有的观点或者意见摆出来，不是用一堆教义性的知识和观点去阻断读者提问的路途，而是在字里行间保留一个能够激发读者"惊奇"的空间，所以阅读此书，也能培养我们的思辨能力和分析能力。

【阅读指导】

先通读，然后有重点地读。由于全书具有前后连贯的逻辑性，所以本书应该采取通读法，按照章节的先后顺序依次阅读一遍。然后，重点阅读第四卷到第六卷，尤其是第四卷，亚里士多德著名的"政体类型学"部分。

垂范千年的儒家经典
——《孟子》

作　　者：**孟子及其弟子**

成书年代：**战国时期**

必读理由：**人格精神闪耀千年**

　　　　　古代思想巅峰之一

【作者简介】

儒家"亚圣"

　　孟子（约公元前372年—公元前289年），名轲，字子舆，邹（今山东邹县）人，是战国中期伟大的思想家、儒家学派的主要代表，是孔子嫡孙子思的学生，被后世尊奉为仅次于孔子的"亚圣"。

　　孟子3岁丧父，孟母将其抚养成人。孟子从30岁到40岁这段时间，主要的活动是收徒讲学，宣扬儒家学说。44岁以后，他带着学生周游齐、晋、宋、薛、鲁、滕、梁列国，宣扬他的"仁政"和"王道"思想。他曾一度担任过齐宣王的客卿，但在许多国家未被重用。孟子所处的时代是诸侯国兼并战争不断的战国，当时的大国都致力于富国强兵，争取通过暴力的手段实现统一，所以统治者们不相信孟子的学说，并认为其"迂远而阔于事情"。孟子在实践中不断碰壁之后，结束周游生活，归而与弟子讲学著书，作《孟子》七篇。

【内容精要】

性善论、仁政等思想

　　《孟子》一书以问对、答辩方式展开，以驳论为主要的论证方法，详实地记录了孟子的思想、言论和事迹，保存了丰富的历史资料。其思想可概括如下：

　　在人性方面，主张性善论。孟子认为人生来就具备仁、义、礼、智四种品德，人可以通过内省去保持和扩充它们，否则将会丧失这些善的品质。因而他要求人们重视内省的作用，重视道德修养的自觉性。

在社会政治观点方面，孟子突出仁政、王道的理论。他从历史经验总结出，"暴其民甚，则以身弑国亡"；三代得天下都因为仁，由于不仁而失天下。他提出民贵君轻的主张，认为君主必须重视人民，"诸侯之宝三，土地、人民、政事"。他认为君主如有大过，臣下则谏之，如谏而不听可以易其位。至于像桀、纣一样的暴君，臣民可以起来诛灭之。他反对实行霸道，即用兼并战争去征服别的国家；提倡行仁政，争取民心的归附，以不战而服，也即他所说的"仁者无敌"，实行王道就可以无敌于天下。

孟子在书中表露出这样的观点：他认为自己是民众中的先知先觉者，有责任以正道去启发、引导天下万民。他认为，自己恰逢诸侯争霸、烽烟四起的乱世，正是仁人志士有所为的时候；人不能只考虑自身的完满，而必须为他人和社会作出贡献，"乐以天下，忧以天下"。

【必读理由】

人格精神闪耀千年

《孟子》一书能让人们清晰地感受到孟子的个性、情感和精神，看到一个大思想家的鲜活形象：积极推行自己的"仁政"主张，鄙视权势富贵，希望能够消除世乱，救民于水火之中，让黎民百姓不饥不寒。正是这种精神境界，使他具有刚正不阿、大胆泼辣的个性特点。这是孟子精神世界中最具闪光点的方面，深深地影响了以后的仁人志士。

孟子的"养气说"对后世传统知识分子的人格修养也产生了一定的影响。这种由"配义与道"培养而成的"浩然之气"，使孟子的一生都体现出一种"富贵不能淫，贫贱不能移，威武不能屈"的大丈夫气魄，对后世知识分子起到了率先垂范的作用。以自我修养的提高作为在世生存的方式，是知识分子人格修养的途径之一。孟子"养气说"在提高文人雅士的道德修养与人格境界方面具有不可磨灭的作用。这种影响在千百年来的潜移默化中，使这种"大丈夫"的"浩然正气"成为我们民族精神和民族性格的重要组成部分，使中国文化思想的养分中，多了一份藐视政治强权，鄙夷物质贪欲，刚正不阿，无私无畏的阳刚之气，激励着一代又一代中国人。

孟子的人格精神对两千年中国文化的发展产生了广泛而深远的影响，即使在今天亦不失其现实意义。

古代思想巅峰之一

《孟子》全书有许多政治思想方面的精彩论述，比如"民贵君轻"的古代民主思想；强烈反对兼并，提倡"制民之产"的小农个体经济思想；痛恨暴政、谴责暴力的思想等等。这些无疑都是有着一定历史进步意义，值得肯定的宝贵精神文化遗产。尤其是其中的"民为本，社稷次之，君为轻"的民本思想，标志着我国古代政治思想所达到的巅峰之一。只要我们人类社会还存在，还有国家政体存在，孟子的民本思想就有它不朽的价值。

怎样体现以民为本，孟子的可贵之处在于他有许多具体明确的规划，还设计了社会发展的蓝图，那就是让百姓拥有自己的固定资产，让他们耕有田，居有屋，"养生丧死无憾"。认识到百姓如果"无恒产"就"无恒心"，由此社会就会发生祸乱，因此必须不误农时发展生产，使"五亩之宅，树之以桑"，"百亩之田，勿夺其时"；兴办学校发展教育，"谨庠序之教，申之以孝悌之义"，物质与精神两个文明一起抓，方能实现社会的和谐与稳定。此外，孟子还提出"数罟不入洿池，鱼鳖不可胜食也。斧斤以时入山林，材木不可胜用也"，告诉人们要有节制，不要掠夺性开发资源，以求社会可持续性发展。

《孟子》一书还体现了他的哲学思想，其核心是"性善论"：他认为"人皆有不忍人之心"，同时认为"恻隐之心""羞恶之心""辞让之心""是非之心"，分别是"仁""义""礼""智"的四端，皆与生俱来，人人都有，"求则得之，舍则失之"，这也是人之所以为人，与禽兽有异的分界线，让人体悟到人性的温暖和生命的光辉。基于此，孟子提出"人皆可以为尧舜"的观点，鼓励人们追求道德的自我完善。

【阅读指导】

梁启超先生曾说，《孟子》为青少年人格修养最适当之书，学者宜摘取其中精要语熟诵，或抄出常常阅览，使孟子精神深入自己的"下意识"之中，则一生做人基础可以稳固。

阐明心性之学的力作
——《传习录》

作　　者：王守仁

成书年代：1512年

必读理由：促进思想解放的一部著作

　　　　　积极的教育思想

【作者简介】

心学大师

　　王守仁（1472—1529年），字伯安，浙江余姚人。自号阳明子，世称阳明先生。中国明代最著名的哲学家、教育家、军事家、文学家。陆王心学之集大成者，非但精通儒家、佛家、道家，而且能够统军征战，是中国历史上罕见的全能大儒。

　　他年轻的时候是程朱理学的追随者，后来对程朱理学产生了怀疑和动摇。他游历高山名川，交游道士，苦苦思索哲学理论。1506年，他因上书请求去"奸臣"，得罪了专权的刘瑾，被贬官到龙场。在那里，他日夜静坐沉思。一日深夜，他突然悟出"心即理"，明白了"真理就在自己心中，根本不用向外求"的道理。他在这里得"道"，被后人称为"龙场悟道"。从此，王阳明的思想由客观唯心主义转变为主观唯心主义。他创立的"心学"，最大的特点就是突出了人的意识的作用。他认为，万事万物都存在于人心中，人心包括了整个宇宙，没有任何东西能存在于人心之外。

【内容精要】

心性之学

　　《传习录》是王守仁的语录和论学书信，是他的弟子们陆续辑录而成的。"传习"一词源出自《论语》中的"传不习乎"一语。《传习录》包含了王阳明的主要哲学思想，是研究他的思想和心学发展的重要资料。

王阳明继承了程颢和陆九渊的心学传统，并在陆九渊的基础上进一步批判了朱熹的理学。《传习录》中的思想明显表现了这些立场和观点。

"心即理"本来是陆九渊的命题，《传习录》对此作了发挥。王阳明批评朱熹的修养方法是去心外求理，求外事外物之合天理与至善。王阳明认为"至善是心之本体"，"心即理也，此心无私欲之蔽，即是天理，不须外面添一分"。他的这种观点强调了社会上的伦理规范之基础在于人心之至善。

从"心即理"这个原则出发，他提出了"致良知"的观点，认为"意之本体便是知，意之所在便是物"。"知"是人心本有的，不是认识了外物才有的。这个"知"便是"良知"。他说："所谓致知格物者，致吾心之良知于事事物物也。吾心之良知即所谓天理也。致吾心良知之天理于事事物物，则事事物物皆得其理矣。致吾心之良知者，致知也。"由"心即理"立基，王阳明批判了朱熹的割裂知行，提出了"知行合一"的认识论和道德修养学说。

《传习录》系统地阐述了王阳明的致良知、知行合一、心物合一、天人合一及"与天地万物为一体"等思想。

【必读理由】

促进思想解放的一部著作

《传习录》集中反映了王阳明的心性之学，在中国古代哲学史上有着重要的地位，在传播王阳明的思想方面起了主要的作用。

在此书中，王阳明提出的哲学思想纠正了宋明以来程朱理学烦琐与僵化的流弊。他洞察到道德意识的自觉性和实践性，将儒家封建道德建立在简易的哲学基础上，认为人人可行，人人都可成为圣人，这就打破了圣人同凡人的界限，在客观上具有动摇儒家权威的作用。这些思想包含着一些促进思想解放的因素，为封建社会后期异端思想的产生、发展奠定了雄厚的基础。维新变法的康有为、梁启超，探索救国之路的孙中山，都曾潜心研究过王阳明的著作。

王学"心即理"看法的发展，也影响了明朝晚期思想中对于情欲的正面主张和看法。由于心即理，因此人欲与天理，不再如朱熹所认为的那样对立，因而是可以被正面接受的，这种主张的代表人物就是明朝思想家李贽。

此外，王阳明的哲学思想在明中叶以后传到日本，并成为显学，影响了明治维新时期的日本思想界，对日本的革新起了一定的积极作用。

积极的教育思想

本书中的教育思想也包含着一些积极的内容，影响了后人。著名的教育家陶行知、徐特立就大加赞赏王阳明的教育思想。

王阳明十分重视教育对于人的发展所起的重要作用，提出了"学以去其昏蔽"的思想。他是用"心学"的观点来阐明这一思想的。他认为"良知"人人都有，因此人人都有受教育的天赋条件，并且能够进行自我道德教育与修养。

此外，他提出儿童教育必须顺应儿童的性情，要"随人分限所及"，量力施教。如果不顾及儿童的实际能力，把大量的高深的知识灌输给他们，就像用一桶水倾注在幼芽上把它浸坏一样，对儿童毫无益处。儿童教学"授书不在徒多，但贵精熟"。因此，教学应该留有余地，"量其资禀能二百字者，止可授以一百字"，使儿童"精神力量有余"，这样他们就"无厌苦之患，而有自得之美"，不会因学习艰苦而厌学，而乐于接受教育。

王阳明从心性之学出发，早在15、16世纪就已提出顺应性情的教育思想，的确是难能可贵的。

【 阅读指导 】

分类阅读法：《传习录》中的语录是王门弟子分别记录的，因此各条之间没有内在的逻辑联系，较好的阅读方法是按种别分类，以教义要点——如讨论"格物论""心即理""知行合一"等为标准，逐条抄出，细细研读。

联系阅读法：《传习录》中的书信出自王阳明的手笔，是了解、研究王阳明教育思想的重要资料。阅读这些书信时，如果与其他有关论学书信，例如未收录进《传习录》的重要著作《大学问》和《稽山书院尊经阁记》等，联系起来看，效果会更好。

启蒙思想最重要的著作之一
——《哲学通信》

作　　者：伏尔泰

成书年代：1733年

必读理由：一本有趣的思想书

对于启蒙思想具有重要的历史意义

【作者简介】

启蒙运动领袖和导师

伏尔泰（1694—1778年），原名弗朗索瓦·马利·阿鲁埃，伏尔泰是他的笔名，法国启蒙时代思想家、哲学家、文学家，启蒙运动公认的领袖和导师，被称为"法兰西思想之父""欧洲的良心"。

伏尔泰出生在巴黎一个富裕的中产阶级家庭，天资非常聪颖，3岁能够背诵文学名著，12岁能够作诗。在高中时代，伏尔泰便掌握了拉丁文和希腊文，后来更通晓意大利语、西班牙语和英语。他学识广博，极富思想和才华，写下了许多史诗、悲剧，以及历史、哲学著作，其中最有影响的一本书《哲学通信》，被人称为"投向旧制度的第一颗炸弹"。

他主张开明的民主制度，强调自由和平等。尽管在他所处的时代审查制度十分严厉，伏尔泰仍然公开支持社会改革。他的论说以讽刺见长，常常抨击基督教会的教条和当时法国的教育制度。雨果曾评价他说："伏尔泰的名字所代表的不是一个人，而是整整一个时代。"

【内容精要】

18世纪前期的英国和启蒙思想的镜子

《哲学通信》是伏尔泰1726—1729年流亡英国期间的观感和心得的总结，

因此又称《英国通信》。1733年，本书首先在英国出版了英文版，第二年法文版才问世，它宣扬英国资产阶级革命后的成就，抨击法国的专制政体。

本书以书信形式撰写而成，一封信讲述一个方面的内容，共21封信。书中，伏尔泰以其睿智、深刻的哲学视觉，文采横溢的笔触，对哲学、宗教、自然科学、文学、历史等，进行了不偏不倚而又犀利的评述。他的论点大胆，却又充分体现了保持平衡的主导思想，恰当地辨别了各个方面的"优缺点"，如牛顿的伟大和迷信；英国悲剧的无趣味，却刺激了法国戏剧界；公谊会信徒的德性理智，却滑稽可笑，等等。书中既介绍了培根、洛克等名人的思想，也表述了他自己的启蒙思想，宣扬自然神论和开明君主制度。

本书是伏尔泰最为人所喜爱的著作之一，也是其影响最大的著作之一。

【必读理由】

一本有趣的思想书

对于学术名人和经典，人们常常会觉得敬畏，然而我们打开《哲学通信》就会发现，伏尔泰和《哲学通信》的大名并不可怕，里面只是如培根随笔那样的轻松文字。他谈教士，谈议会，谈商业，谈掌玺大臣培根，谈笛卡儿和牛顿，谈莎士比亚或是斯威夫特，谈英国的皇家学会和法兰西学院，每一篇里都有不少有趣的隽语。整本书洋溢着一种明达务实的精神，是作者通过对英国社会、风俗和文学的描述，用轻松惬意的形式表达出来的。本书的篇章短小精悍，大部分都是两三千字，长的也不过万把字，阅读起来非常轻松。所以，无论是想了解18世纪前半叶的英国，还是只想找一本有趣的书好好看看，《哲学通信》都是不错的选择。

本书还是学习伏尔泰政治思想的最好入门书。他在本书中表明对中产阶级本身的信任。他确信，中产阶级正预示或引入的世界，绝对优越于来自贵族和宗教的模式。他推崇当时的英国社会，因为它解开了传统加在人类行为上的束缚。他认为英国历史的主要优势，是世俗和宗教两个领域的斗争导向自由的成功。然而，理性政治的核心问题，不是限制国王权力，而是为超越由宗教引发的冲突而弱化宗教。在法国，这只能由王权来完成。英国的解决办法则以官方教会对世俗权威的绝对从属（第五封信）和议会与国王之间的权力分立（第八封信）为基础，这样的办法极其有利于自由，但不可以被普遍推广。因此，在这个问题上，就法国而言，伏尔泰坚定不移的政治主张是：反对贵族和教会，依靠君主制的改革潮流，甚至是协助国王来反对议会的争执。他还无限赞誉英国哲学家约翰·洛克，认为他的《人类理解论》在消除传统形而上学的虚假问题的过程中，界定了新哲学的普遍方向。

对于启蒙思想具有重要的历史意义

对于在伦敦寻求社会的新概念的伏尔泰来说，打动他的首先是英法这两个社会的对比，它清楚地表明英国的优势——经济上的繁荣和政治上的强大。他清醒地认识到，英国的优越地位，来源于它的政治体制（由1688年的光荣革命而确立的），其中最重要的，是对不宽容和宗教争斗的拒斥，允许人把努力专注于此世；相反，18世纪初的法国的衰落，表明它的政治和社会的内部的邪恶。另外，英国在科学和艺术方面也扮演重要的角色，新的社会也就是后来所称的"中产阶级的世界"因此不必再伏身于灰暗庸俗之中。伏尔泰的首要优点以及《哲学通信》的历史重要性便是，在带回这两份报告的同时，把它们和人类精神的解放这个独特的源头结合起来，表明更理性的生活的可能性，促进了法国启蒙思想运动的高涨。

【阅读指导】

《哲学通信》的阅读，应该附之以《路易十四时代》的阅读，因为在这本书里，伏尔泰对法国的喜爱，表现十足；也应该附之以《风俗论》的阅读，因为他在这本书里阐明了"历史哲学"。

理性和自由的法典
——《论法的精神》

作　　者：孟德斯鸠

成书年代：1748年

必读理由：影响人类社会发展进程的学术名著

【作者简介】

"三权分立"学说的奠基人

查理·路易·孟德斯鸠（1689—1755年），法国资产阶级启蒙思想家，古典自然法学派代表人物，资产阶级法学理论和"三权分立"学说的奠基人。其代表作有《波斯人信札》、《罗马盛衰原因论》、《论法的精神》。

孟德斯鸠出生于波尔多附近的一个贵族家庭，幼年学过古希腊语和拉丁语，后来专攻法律，19岁取得法学学位并担任讲师。他学识渊博，除专攻法律之外，还涉猎各类学科。他曾先后被选为法兰西学院院士、英国皇家学会会员和柏林皇家科学院院士。1716年，孟德斯鸠继承伯父的子爵爵位和法院院长职务，在工作中，他认识到封建法律是为王权服务的，开始怀疑法律是否能做到真正公允。1728年，他辞去法院院长的职务，开始长途学术旅行，游历欧洲各国，深入研究英国的宪法和议会制度。耗时20年，经过精心的酝酿和准备，他于1748年完成并发表了《论法的精神》这一政治学巨著。

【内容精要】

三权分立与制约学说

孟德斯鸠《论法的精神》集中讨论的不是具体的法律规范本身，而是法的精神，即法律符合人类理性的必然性和规律性。孟德斯鸠在《论法的精神》中的著名政治理论有以下三个方面：第一，关于政治分类的学说。他将政治体制划分为共和、君主、专制三种，认为这三种政体的原则分别是品德、荣誉和恐惧。尽管这一结论并不完备，但是他的许多精辟的、富有启发意义的论断以及运用绝妙笔法鞭笞专制政体和封建主义罪恶的行为，他的无畏和机敏无疑起到了振聋发聩、警醒社会和民众的积极作用。第二，分权说和君主立宪。孟德斯鸠崇尚英国的君主立宪，他提出了行政、立法和司法的分权理论，认为三权相互制衡，才能保障公民的自由。他的分权说并非空洞的政治理论，而是顺应时代的步伐提出的具有实际意义的政治纲领，其"阶级分权"的实质，适应了当时新兴资产阶级参与政权的需要。第三，"地理"说。认为地理环境，尤其是气候、土壤等因素与人民的性格、感情发生直接的关系，法律应考虑这些因素。

"分权说"是本书的重点。孟德斯鸠认为，"一切有权力的人都容易滥用权力，这是一条万古不易的经验"，"如果同一个人或者是由重要人物、贵族或平民组成的同一个机关行使这三种权力，即制定法律权、执行公共决议权和制裁私人犯罪或争讼权，则一切便都完了"。三权分立就是为了制约权力，防止权力滥用，防止某一国家机关或者个人的独裁和专制，从而保证国家政治上的稳定。制约权力的终极目的是保障人民的权利。

此外，《论法的精神》提出了许多关于法律的理论，诸如：反对酷刑、主张量刑适度；刑罚应富有教化意义；舆论威慑可以作为阻止犯罪的工具之一；只惩罚行为，不惩罚思想、语言。他还抨击了所谓攻击教会的亵渎神圣罪以及其他的无理的刑罚。另外，他还提出了一系列关于审判、立证、拷问等诸方面的论说。

【必读理由】

影响人类社会发展进程的学术名著

《论法的精神》是法学发展史上为数不多的鸿篇巨著之一，它以法律为中心，涉及经济、政治、历史、宗教、地理等领域，包罗万象，内容极其丰富充实，被称为一部资产阶级法学的百科全书。这本书中有关政治自由、法治、分权的理论和思想，对世界资产阶级革命运动产生过极其深远的影响。尤其是其中提出的行政、立法和司法分立，相互制衡，保障公民自由这一脍炙人口的理论，为历代资产阶级所啧啧称道。

孟德斯鸠的分权说并非纸上谈兵，而是具有非常大的现实指导意义。法国1789年的《人和公民和权利宣言》和1791年的《人权宣言》当中众多的政治法律条文，都是《论法的精神》所阐述过的。美国独立战争时期的领袖们都对《论法的精神》烂熟于心，1787年生效的《美利坚合众国宪法》，是孟德斯鸠的分权理论第一次在实践中得到完全的运用。经过法、美资产阶级革命的实践，孟德斯鸠的理论已经成为资产阶级国家构建民主制度和政权体制的组织原则。

这部影响人类社会发展进程的学术名著内容丰富，体系完整，论点严密，凝结了孟德斯鸠一生的心血。这部著作不仅使孟德斯鸠蜚声世界，而且作为人类进步传统的重要组成部分载入史册，成为人类宝贵的文化遗产之一。

【阅读指导】

《论法的精神》的结构比较复杂，阅读时可以将它划分为四大部分：第一，总论，论法的定义和种类，其中包括自然法理论；第二，法与政体的关系，其中有著名的分权说与制约学说；第三，法与地理、经济、自然人口、宗教等社会因素的关系；第四，法的历史与比较研究，包括对罗马法、法国法、封建法制等各种具体法律制度的分析。

三权分立与制约学说是孟德斯鸠最重要的贡献，同时也是《论法的精神》中最精彩的部分，所以这部分应重点阅读。

世界政治史上最著名的文献
——《社会契约论》

作　　者：卢梭

成书年代：1762年

必读理由：人类解放的第一个呼声

【 作者简介 】
影响了整个世界的平民思想家

　　让·雅克·卢梭（1712—1778年），瑞士裔的法国思想家、哲学家、作家、政治理论家和作曲家。卢梭出生于瑞士日内瓦一个钟表匠家庭，从小失去母亲，12岁开始辍学谋生，16岁离家外出流浪，当过学徒、仆役、私人秘书、乐谱抄写员。虽然生活条件艰苦，但他发奋图强，自学成才。

　　在哲学上，卢梭主张感觉是认识的来源，坚持"自然神论"的观点；强调人性本善，信仰高于理性。在社会观上，卢梭坚持社会契约论，主张建立资产阶级的"理性王国"；主张自由平等，反对私有制及其压迫；提出"天赋人权"，反对专制、暴政。在教育上，他主张教育的目的在于培养自然人；反对封建教育戕害、轻视儿童，要求提高儿童在教育中的地位；主张改革教育内容和方法，顺应儿童的本性，让他们的身心自由发展，反映了资产阶级和广大劳动人民从封建专制主义下解放出来的要求。他的主要著作有《论人类不平等的起源和基础》、《社会契约论》、《爱弥儿》、《忏悔录》等。

【 内容精要 】
天赋人权，主权在民

　　《社会契约论》又译作《民约论》，描述人和社会的关系。这本书于1762年出版，当时无人问津，但后来却成为反映西方传统政治思想的最有影响力的著作之一。

作者在这本书中开门见山地提出一个著名的命题："人是生而自由的，但却无往不在枷锁之中。"接下来各章都是论述社会的，作者把政府的出现解释为统治者与被统治者的一种契约。人们愿意放弃个人自由并被他人所统治的唯一原因，是他们看到个人的权利、快乐和财产，在一个有正规政府的社会比在一个无政府的、人人只顾自己的社会，能够得到更好的保护。

他在《社会契约论》中提到，统治者与被统治者的契约应该被重新思考。政府不应该是保护少数人的财富和权力，而是应该着眼于每一个人的权利和平等。他提出"主权在民"的观点，并且指出立法权是人民主权的主要形式。不管任何形式的政府，如果它没有对每一个人的权利、自由和平等负责，那它就破坏了作为政治职权根本的社会契约。这种思想是法国大革命和美国革命的根本。事实上，说法国和美国革命是卢梭在社会契约上的抽象理论的直接结果，也丝毫不过分。

【必读理由】

人类解放的第一个呼声

《社会契约论》是卢梭最为杰出的代表作之一，被誉为"人类解放的第一个呼声，世界大革命的第一个煽动者"。这本书内容不多，但是思想深刻，意蕴丰富，创见迭出，语言也十分机智幽默，是一部百读不厌的经典政治学和法律哲学著作。

这本书提出"人民主权"的口号，成为法国大革命的旗帜，对欧美各国的资产阶级革命产生了深刻影响。《社会契约论》第一次提出了"天赋人权和主权在民的思想"，标志着民主思想又进入一个重要阶段。

在法学方面，《社会契约论》是近代自然法学的重要思想资源，近代自然法学的主要主张如理性主义、自然状态论、国家契约论、天赋人权论与法制主义，皆脱胎于"社会契约论"。

社会契约理论不仅是资产阶级民主共和国家在政治上与法律上获得正当化的基础，同时也是资产阶级国家以平等、自由为核心理念的法律制度得以确立并发达的先导。可以毫不夸张地说，不了解西方的社会契约理论，将对我们透彻理解西方的法学理论构成无法克服的障碍。直至现在，西方学界仍有为数众多的学者在阐释和完善这一理论。

在本书中，卢梭从国家与人民、国家与法律、自由与平等、国家与社会等角度，对社会契约理论进行了全面而深刻的阐述，处在革命时代的各国资产阶级皆曾把它当作福音，并在革命胜利之后，参照其理论确立本国的政治、法律制度。卢梭在这部著作中关于自由、平等、天赋人权、主权在民、公民选举领袖的共和制度，在美国的《独立宣言》和法国的《人权宣言》中都有所体现。所以说，这本书是世界政治学史上影响力最大的经典著作之一。

【 阅读指导 】

由于全书具有前后连贯的逻辑性，所以本书应该采取通读法，按照章节的先后顺序依次阅读一遍。由于每一章都有一个论题，在阅读时应该适时地进行章的总结，对章节之间的联系了如指掌，这样才能较好地掌握全书的理论体系。

西方经济学的"圣经"
——《国富论》

作　　者：亚当·斯密

成书年代：1776年

必读理由：经济学的奠基之作

　　　　　经济学之外的收获

　　　　　影响世界历史的10本书之一

【作者简介】

现代经济学之父

亚当·斯密（1723—1790年），英国哲学家和经济学家，担任过大学的逻辑学和道德哲学教授，于1759年出版的《道德情操论》获得学术界极高评价。

在此之后，他逐渐专注于法律学和经济学。他写作的《国富论》于1776年3月出版，引起大众广泛的讨论，不仅是英国本地，连欧洲大陆和美洲也为之疯狂，世人因此尊称他为"现代经济学之父"和"自由企业的守护神"。亚当·斯密并不是经济学说的最早开拓者，他最著名的思想中有许多观点也并非新颖独特，但是他首次提出了全面系统的经济学说，为该领域的发展打下了良好的基础，这是别人所没有的贡献。

【内容精要】

自由主义经济学说

此书出版的年代，正是英国资本主义的成长时期，英国手工制造业开始向大工业过渡，英国产业的发展在很大的程度上还受着残余的封建制度和流行一时的重商主义限制政策的束缚。处在青年时期的英国资产阶级，为了清除前进道路上的障碍，迫切要求一个自由的经济学说体系，为它鸣锣开道。

亚当·斯密的《国富论》，就是在这样一个历史时期，肩负着这样的历史任务而问世的。这部书总结了近代初期各国资本主义发展的经验，并在批判吸收当时有关重要经济理论的基础上，就整个国民经济运动过程作了较系统、较明白的描述。书中的劳动价值论、分工与专业化，是经济效率之源的理论、"看不见的手"经济自由主义理论，可谓睥睨古人，下开百世。

《国富论》共分五卷。它从国富的源泉——劳动，说到增进劳动生产力的手段——分工，因分工而起交换，论及作为交换媒介的货币，再探究商品的价格，以及价格构成的成分——工资、地租和利润。

《国富论》是第一本试图阐述欧洲产业和商业发展历史的著作。这本书发展出了现代的经济学学科，也提供了现代自由贸易、资本主义和自由意志主义的理论基础。

【必读理由】

经济学的奠基之作

经济学著作能够作为必读书跻身于现代普通读书人书架的或许真的不多，而亚当·斯密的《国富论》当是其中之一。这本书，现在仍被许多经济学大师推崇为经济学史上最伟大的经典著作，同时，由于其语言通俗，论述明晰，实例生动，也一直是后人进入经济学世界的最佳启蒙读本。

在经济学领域，《国富论》是使经济学成为一门独立学科的奠基之作。可以说，《国富论》为经济学确定了完整的架构。200多年以来，经济学家的任务就是在这个架构上做一些完善、细化及分析修补工作。现代经济学研究都是在这部著作的基础上进行的，不论是发展它或反对它。

经济学之外的收获

在经济理论的框架下，学识渊博、世事洞明的亚当·斯密，还在书中留下了大量的关于社会历史的各种知识和精辟见解，体现了他对人性及社会全面而深刻的观察。可以说，《国富论》是一种社会学式的、包罗万象的写作，是一本将经济学、哲学、历史、政治理论和实践计划以一种不可思议的方式综合在一起的书。因此，不仅不同的人读《国富论》会有不同的体会，而且往往还会有意外收获。

影响世界历史的10本书之一

这本书不只是为图书馆馆藏而写的，它提出的许多意见对国家政策产生了深刻的影响。书中反对政府干涉商业和商业事务、赞成低关税和自由贸易的观点，在整个19世纪对政府政策都有决定性的影响。事实上，这本书对这些政策的影响，人们在今天仍能感觉出来。著名批评家雷纳说："在促成我们现代生活方式的许多因素之中，《国富论》这本书所发生的影响，可媲美任何一本现代的典籍。"鉴于此书对人类发展进程产生过深远的影响，它被评为"影响世界历史的10本书之一"。

【 阅读指导 】

这本书是一个逻辑井然、前后一贯的体系，所以对于初读者，尤其是经济学的入门者而言，阅读此书的正确方法应该是：按照章节的先后次序进行，每个基础的理论都应该掌握好。同时，还应思考各章节与本书的基本主题——国民财富的来源和增长的联系，这样才能更好地把握此书的理论框架，理解本书的理论系统。

这本书所确立的研究方向和方法也是值得我们学习的，在阅读时应该注意这方面的知识和信息。

对商业文明极具冲击力的名著
——《瓦尔登湖》

作　　者：梭罗

成书年代：1854年

必读理由：一部思想独特的巨著

　　　　　一部简单诗意生活的指南

【作者简介】

离群索居的思想家

　　亨利·戴维·梭罗（1817—1862年），他的生平简单却耐人寻味。1817年，他出生于美国康科德城；1837年从哈佛大学毕业；1841年住到了大作家、思想家爱默生的家里，充当门徒和助手，并开始尝试写作。1845年到1847年间，他独自一人幽居在瓦尔登湖畔的自筑木屋中，自食其力，完全靠自己的双手过了一段原始简朴的生活。意义深远的《瓦尔登湖》就是在这段渔猎、耕耘、沉思、写作的日子里产生的。1848年他又住在爱默生家里。此后他患了肺病，于1862年病逝于康科德城，年仅45岁。

　　梭罗生活的19世纪上半叶正值美国工业化发展阶段，是一个商业化的时代。可是他没有被弥漫的商业化精神同化，而是独树一帜、别具一格地远离物质诱惑，选择了一种离群索居、保存孤独和自由的生活。

【内容精要】

简朴地生活，独立地思考

　　《瓦尔登湖》是梭罗所著的一本著名散文集。在书中，梭罗详尽地描述了他在瓦尔登湖湖畔一片再生林中度过的两年又两个月的生活，以及期间他的许多思考。

　　《瓦尔登湖》一书以春天开端，依次经历夏天、秋天和冬天，最后仍然以春天结束。本书采用第一人称的叙述方式，内容质朴而清新，包含的篇章有：《简朴生活》、《诗意的添补》、《我活在何处，我为何而活》、《读书》、《声音》、《孤独》、《来客》、《豆子地》、《村庄》、《湖泊》、《贝克农场》、《更崇高的法则》、《与野兽为邻》、《室内取暖》、《往昔的居民》、《冬日来客》、《冬季动物》、《冬季的湖泊》、《春天》、《终结的尾声》。

　　本书记录了梭罗在湖畔生活的观察体会，分析研究了他从自然界里得来的音讯、阅历和经验，表达了他超凡脱俗的思想：不追求财产、不追求虚名、珍爱自然、远离现代文明。他从食物、住宅、衣服和燃料这些生活必需品出发，以经济作为本书开篇的核心，崇尚实践，有目的地探索人生，分析生活，批判习俗，阐述了人生的更高规律。

【必读理由】

一部思想独特的巨著

　　崇尚简朴的物质生活，追求丰富的精神生活，这是《瓦尔登湖》中提出的生活观中最耀眼独特的一环。在他看来，真正的生活是对人生意义的追求而不是对金钱财富的追求，是一种自由独立的精神生活。《瓦尔登湖》以"经济"开篇，不厌其烦地讲述自己的衣食住行，明白地向人们揭示他的生活信念：他只获取最基本维持生活的东西，而余下的时间去追求精神生活的富足和自由。他认为奢侈品非但没有必要，还阻碍人类的精神向上，超出生活必需的东西都是奢侈的。

　　众所周知，梭罗生活的时代正是一个物质文明迅猛发展的时代，资本主义工商业的飞速发展日益改变着社会结构和自然环境，事业是否成功成为社会和个人成功与否的最主要标准。人们崇尚物质主义和拜金主义，使得生活本身成了纯粹的功利行为和物质享受过程，人们也被物欲所奴役，"瞧，人们已成为工具的工具"，"大多数人过着安静而绝望的生活"，梭罗认为，绝大多数人都丧失了生活的真正目的。这一点对生活在物质文明飞速发展时代的每一个人都有警醒作用。

一部简单诗意生活的指南

《瓦尔登湖》是一本能让人的心灵平静的书，一本寂寞、恬静、智慧的书。在《瓦尔登湖》中，梭罗书写了自己在湖畔自力更生的生活体会：他自己动手盖了一间简陋的小木屋，在湖畔处开垦了一小块耕地，自己种植各种作物以维持起码的生活。将自己的生活需求降低到最低程度，梭罗经过实践发现，他能以28美元来建立一个家，用0.27美元来维持一周的生活。他以一年中6个星期的时间，去赚取足够一年的生活费用，剩余的46个星期，去做他喜欢做的事。他每天清晨起床后都坚持到瓦尔登湖中洗浴，以清新的身心迎接新的一天。他认为人不能过那种卑劣的生活，像禽兽那样只管吃喝，个人应当修身养性，以净化粗俗的感官欲望，这样才能感受到生活的诗意和美好。简朴生活的诗意来自于不受物欲奴役的自由，也来自于一颗纯净的心对大自然壮美景色的赞叹和感悟。

书中积极倡导一种简单的生活观念，一种与现代物质生活日益丰富对立的简朴的生活方式。人们可以从中聆听生活的教诲，感受生活的真善美，让自己"不至于在临终时才发现自己不曾生活过"。梭罗通过自己的生活实验告诉世人，不要被繁纷复杂的生活所迷惑，不要失去了生活的方向和意义，唯有简朴的生活才能够吸取到生命的精髓。

【阅读指导】

《瓦尔登湖》结构严谨，语言生动，字里行间不时闪现出哲理的灵光，颇有高山流水的味道。它的许多章节都需要反复诵读才能体味其中真正的含义，而且感觉常读常新。

《瓦尔登湖》是一本极静的书，如果阅读者的心没有安静下来，恐怕就很难进入到这本书里去。这本书也不适合一口气读完，因为囫囵吞枣往往一无所得，断章取义更是不可取。阅读时冷静地思考，仔细地辨别，细细地品味，才能感受那种极静的美。

此外，安静的阅读环境也很重要。就像最早将《瓦尔登湖》翻译成中文的徐迟先生所说："在繁忙的白昼我有时会将信将疑，觉得它并没有什么好处，直到黄昏，心情渐渐寂寞和恬静下来，才觉得语语惊人，字字闪光，沁人肺腑，动我衷肠，而到夜深万籁俱静之时，就更为之神往了。"

改变世界的一本书
——《资本论》

作　　者：马克思

成书年代：1867年

必读理由：无产阶级强大的思想武器

　　　　　提供认识世界的立场、观点和方法

【作者简介】

马克思主义的创始人

　　卡尔·马克思（1818—1883年），犹太人，出生于德国特利尔城，逝世于英国伦敦。伟大的哲学家、革命理论家、经济学家、政治家，马克思主义的创始人，《资本论》和《共产党宣言》的作者。

　　马克思从小勤奋好学，善于独立思考，少年时便有远大志向。青年时进入学习气氛浓厚的柏林大学学习，加强了对世界的认识，增强了改造世界的信心，为他以后的思想发展、理论建树奠定了基础。

　　大学毕业后，马克思被聘用为《莱茵报》主编。这份报纸成了马克思进行革命工作的第一步。1843年秋，年轻的马克思踏上流放的征途，来到巴黎。在法国期间，他着手研究政治经济学、法国社会运动及法国历史，并最终致使其成为一名共产主义者，创立了马克思主义。

【内容精要】

剖析资本的本质

　　《资本论》解释了商品和价值、消费、竞争、地租、资本的集中、劳动工资的增长、工作环境的变化、金融系统的运作，以及利润率的递减趋势等诸多经济现象，并分析它们对社会发展的影响。从资本的生产到资本的流通，深刻揭示了资本运行的基本原理，展现了资本的本质和力量，全面剖析了资本主义的社会经济形态。

在这部书中，马克思通过大量事实，详细而深刻地分析了资本主义的发展历史，揭穿了资本主义迅速发展的"秘密"，暴露了资本主义残酷剥削工人阶级的丑恶本质，也指出了工人阶级之所以极其贫困的原因。书中一个重要的理论，就是"剩余价值"学说。它指出资本主义生产的实质就是剩余价值的生产，剩余价值规律是资本主义的基本经济规律，它决定着资本主义的一切主要方面和矛盾发展的全部过程，决定着资本主义生产的高涨和危机，决定着资本主义的发展和灭亡。

书中运用唯物史观的观点和方法，将社会关系归结为生产关系，将生产关系归结于生产力的高度，从而证明了社会形态的发展是一个不以人的意志为转移的自然历史过程。

【必读理由】
无产阶级强大的思想武器

正如达尔文的《进化论》曾发现有机自然界的进化规律一样，马克思的《资本论》也发现了人类社会的进化规律。这部巨著第一次深刻地分析了资本主义的全部发展过程，以数学般的准确性证明这一发展的方向必然引致社会主义革命和无产阶级专政的确立。这本书的核心概念"剩余价值"理论，使资本家剥削工人的本质、手段、诀窍暴露了出来，使广大工人阶级认清了资本家的剥削方法，从而为自己争取更高的待遇准备了充足条件。马克思在《资本论》中断然指出，资本主义必然灭亡和无产阶级的必然胜利都是不可改变的，是历史发展的必然趋势。这就为无产阶级的革命斗争提供了理论武器，增强了无产阶级革命斗争的决心和信心。

《资本论》在世界各国的广泛流传，为全世界工人阶级反对资产阶级提供了强大的思想武器。

提供认识世界的立场、观点和方法

《资本论》是一部政治经济学巨著，更是一部哲学著作，处处体现着马克思主义唯物辩证法的思想，这种思想方法和历史唯物主义共同构成了马克思政治经济学的方法内核，例如：

马克思在《资本论》第一卷中，系统全面地阐述了资本主义基本矛盾的产生、发展和克服的过程，从而透彻详尽地阐明了唯物辩证法关于对立面的统一和斗争的学说，阐明了唯物辩证法的实质。

马克思认为，政治经济学家应该按照客观规律去研究资本主义的发展规律，"社会的经济发展规律如同自然科学一样"，不以人的意志为转移，人们应该了解这种规律，依照客观规律行事。商品生产要进行社会化，要有意识地控制商品生产，以使其达到最大的利用度。《资本论》提供的是认识世界的立场、观点和方法，而不是现成的教条。

【阅读指导】

《资本论》中概念很多，在阅读时应该理解并识记那些重要概念的内涵，例如：生产力和生产关系、经济基础和上层建筑、剩余价值理论等。这些概念是马克思在经济学方面的重点，应该慢慢研究，多看几遍，这样才能较好地理解其他概念，从而把握全书的理论体系。

一本写给所有人的书
——《查拉图斯特拉如是说》

作　　者：尼采

成书年代：1885年

必读理由：现代思想的里程碑

　　　　　催人奋进的智慧格言录

【 作者简介 】

非理性的哲学家

　　弗里德里希·威廉·尼采（1844—1900年），著名的德国哲学家，也是诗人、业余音乐家、间歇性精神分裂症患者。

　　尼采从叔本华的哲学中受到启示，认为世界的本体是生命意志，从而建立新的哲学——将生命意志置于理性之上的哲学，非理性的哲学。作为对埋性提出了挑战的人，他提出了强力意志说，肯定生命，肯定人生。尼采认为：人生虽然短暂，只要具有强力意志，创造意志，成为精神上的强者，就能实现自己的价值。基于此，尼采提出"超人哲学"——超人是人生理想的象征，是尼采追求的理想目标和人生境界。

　　尼采最常受到的批评之一便是他"缺乏一套建设性的体系"。然而，尼采自己曾表示，他不认为哲学本身可以建构一套思想体系。他的哲学无须推理论证，没有体系框架，根本不是什么理论体系，是他对人生痛苦与欢乐的直接感悟。

　　他的著作有：《悲剧的诞生》、《不合时宜的沉思》、《人性，太人性的》、《快乐的科学》、《查拉图斯特拉如是说》、《偶像的黄昏》等等。

【 内容精要 】

阐述尼采思想的哲学小说

　　《查拉图斯特拉如是说》为尼采最知名也最重要的一本著作，几乎包括了尼采的全部思想。本书内容为：以查拉图斯特拉（琐罗亚斯德教的创教先知）的角色为媒介，由他四处进行哲学的演讲，描述他的旅程，以及各种听众对于其哲学的反应。这些听众的反应就可以视为对查拉图斯特拉以及尼采本人的哲学的评论。

书中使用的写作格式相当独特，是一种哲学小说风格的写作方式，类似于新约圣经以及柏拉图对话录的风格，同时也相当类似于前期苏格拉底哲学作品里的语调，经常以自然现象作为修辞和讲述故事的手段。尼采也经常提及西方文学及哲学的各种传统，解释并讨论这些传统的问题。这些特色加上书中本身论点的悖论性和矛盾本质，致使这本书获得了阅读大众的青睐。

【必读理由】

现代思想的里程碑

尼采哲学给欧洲古典哲学注入新鲜血液，并开辟了古典语言学的崭新时代。从这个意义上说，他开创了人类思想史的新纪元，哲学史可以以尼采前和尼采后来划分。在尼采之后，传统的哲学体系解体了。加之，尼采思想对20世纪哲学、文学和心理学等所产生的深刻影响，尼采思想是现代思想史上的一座巍然耸立的里程碑，而《查拉图斯特拉如是说》又正是尼采的里程碑式的作品，几乎包括了尼采的全部思想。尼采在这本书中正式提出了永恒轮回的理论，并且第一次使用了"超人"这个词，尼采在之后所有的作品里都使用了超人这个理论。

这本书突出体现了尼采的三种思想：独立思想、批判思想、开创思想。它们层层递进，一个比一个境界高，体现了人们处身立世所经历的思想蜕变。尼采还用了三种形象的寓意代表物来展示这三种思想境界，即骆驼、狮子、婴儿。这点在本书第三章《论三种变形》中有明显体现。

此外，这本书采用对话或独白的形式，其中又大量运用比喻，这使得这本书寓意深刻、思想丰富。这本书还深深地影响了一些著名的思想家，例如雅斯贝尔斯、海德格尔、里尔克、赫塞、托马斯·曼、斯蒂芬·乔治、萧伯纳、纪德、萨特和马尔卢等等。

无论从哪方面看，这本书的可读性和重要性都非常高。

催人奋进的智慧格言录

这本以散文诗体写就的杰作，以振聋发聩的奇异灼见和横空出世的警世智慧宣讲"超人哲学"和"权力意志"，横扫了基督教教条造成的精神奴性的方方面面。在此书中，他宣告："上帝死了!"曾经使整个西方世界震撼。

尼采自己曾在这本书的副标题上标注："一本写给所有人及不写给某个人的书。"这本书所论及的内容很广，不同生活经历的人会有不同的感悟和体会。尼采在这本书中的不同章节通过不同的主题，对宗教、道德、现代文化、哲学以及科学等领域提出了广泛的批判和讨论，有许多惊世骇俗的言论，引人深思。例如：

"我是太阳!"

"上帝死了!"

"那些没有消灭你的东西，会使你变得更强壮。"

"对真理而言，信服比流言更危险。"

"一切作品之中，我只爱以自己的心血写成者。"

这些惊世骇俗的言论虽然并不能被一些阅读者很好地理解，但能够锻炼阅读者的思维和理解能力，同时也能给一些世俗的观点以强有力的冲击。

本书吸引人、启发人的地方，还在于许多简单的句子饱含真知灼见，而且写得很妙：

"谁要学习飞翔，必须先学习站立、奔跑、跳跃和舞蹈：人无法从飞翔中学会飞翔!"

"在群山中，最近的路是从山峰到山峰：但你必须有双长腿才行。箴言应是山峰：被人传诵的箴言无不伟大而崇高。"

"每一个不曾起舞的日子都是对生命的辜负!"

正如尼采所说："凡能吸入我著作中气息的人，他就知道，这是高岗上的空气，是使人精神焕发的空气。一个人必须加以培养以适应这种空气，否则他就会有受寒的危险。"我们可以从这本书中感受到一种热爱生命之情，一种昂然的生命力和奋发的意志力，这些都能催人奋进。

【阅读指导】

一、选读法。《查拉图斯特拉如是说》这部具有语录体和散文诗特点的著作并不像一些思想著作那样具有前后连贯、逻辑井然的体系。所以，本书可以选择一些自己有所体悟或者感兴趣的章节来阅读，例如"论阅读和写作""论朋友""论一千零一个目标"等等。

二、重点章节阅读法。虽然此书可以进行选读，但在选读之前，最好先阅读前三章"查拉图斯特拉前言""查拉图斯特拉的演说"和"论三种变形"，这样对全书的思想特点和写作风格才有大致的了解。尼采所提出的"上帝死了""超人"之说，都在这几个章节里。

三、朗读法。由于这本书具有酒神精神，也是具有极高文学价值的散文诗，所以可以采取朗读法，以一个演讲者的口气、主人翁的口气和心态去感悟。

第二章

最经典的文学书：提升涵养，提高境界

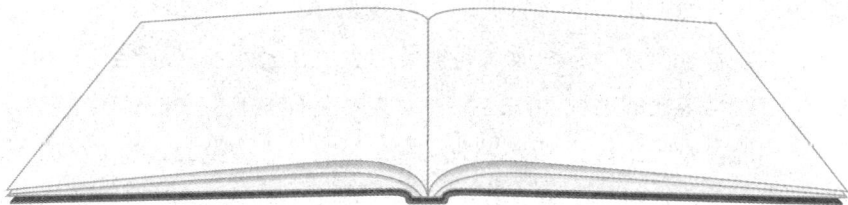

高华宏阔的史诗典范
——《荷马史诗》

作　　者：荷马

成书年代：公元前9世纪—公元前8世纪

必读理由：丰富深刻的人文主义思想

　　　　　文学艺术方面的开创性

【 作者简介 】

行吟盲诗人

　　相传荷马为古代希腊著名史诗《伊利亚特》和《奥德赛》（合称《荷马史诗》）的作者。西方学者一般认为他可能生活在公元前9世纪至公元前8世纪之间，但对荷马本人的情况却知之甚少，实际上有关他生平的资料也不确切。上溯到早期的古希腊年代，就有一个家喻户晓的古老传说，认为荷马是个盲人，大约出生在爱奥尼亚、爱琴海东岸的一个地区。作为一个行吟诗人，他的情况可能同《奥德赛》里那位朗诵诗人谛摩多科斯差不多，经常带着竖琴，在各地吟唱特洛伊战争英雄事迹的歌子。在长期的生活过程中，他广征博采，巧制精编，荟前人之长，避众家之短，以大诗人的情怀，大艺术家的功力，创作了《伊利亚特》和《奥德赛》这两部瑰丽的诗篇，使这两个在古希腊流传很久的故事终于形成史诗的规模。

【 内容精要 】

英雄的故事

　　《伊利亚特》叙述希腊联军围攻小亚细亚的城市特洛伊的故事，以希腊联军统帅阿伽门农和勇将阿喀琉斯的争吵为中心，集中地描写了战争结束前几十天发生的事件。希腊联军围攻特洛伊10年未克，而勇将阿喀琉斯愤恨统帅阿伽门农夺其女俘，不肯出战，后因其好友战死，乃复出战。特洛伊王子赫克托尔英勇地与阿喀琉斯作战身死，特洛伊国王普利安姆哀求讨回赫克托尔的尸体，举行葬礼，《伊利亚特》描写的故事至此结束。

《奥德赛》叙述伊萨卡国王奥德修斯在攻陷特洛伊后，归国途中10年漂泊的故事。它集中描写的只是这10年中最后一年零几十天的事情。奥德修斯受神明捉弄，归国途中在海上漂流了10年，到处遭难，最后受诸神怜悯始得归家。当奥德修斯流落异域时，伊萨卡及邻国的贵族们欺其妻弱子幼，向其妻皮涅罗普求婚，追她改嫁，皮涅罗普用尽了各种方法拖延。最后奥德修斯扮成乞丐归家，与其子杀尽求婚者，恢复了他在伊萨卡的权力。

两部史诗都主要描述英雄的故事，但是风格上仍有所差异。《伊利亚特》描写特洛伊战争中两军的激烈厮杀，《奥德赛》描写英雄作为普通人的感情。

【必读理由】

丰富深刻的人文主义思想

《荷马史诗》是古代希腊从氏族社会过渡到奴隶制时期的一部社会史、风俗史，表现了人文主义的思想，肯定了人的尊严、价值和力量。

史诗的主题思想是歌颂氏族社会的英雄，因而只要代表氏族理想的英雄，不管属于战争的哪一方，都在歌颂之列。就《伊利业特》来说，它塑造了众多的英雄形象，这些英雄身上既集中体现了氏族集体所要求的英勇品质，又初步显示出了每个人的个性特征，如阿伽门农的刚愎自用，阿喀琉斯的英勇善战，奥德修斯的足智多谋，赫克托尔的诲人不倦、说话语重心长等等。特别是在阿喀琉斯和赫克托尔身上，这种英雄品质表现得更加明显。作为特洛伊军中最勇猛的将领，赫克托尔身负保卫全城的重任。他明知战争是由弟弟的不义行为引起，同时自己也必然逃脱不了命运的安排，但他依然视死如归，毅然勇敢地迎战阿喀琉斯。这是一个意识到自己光荣职责的光辉英雄形象。而希腊第一英雄阿喀琉斯，感于神的意志，把在战场上获得荣誉看做第一生命。他在战场上既勇敢善战、奋不顾身，又暴烈鲁莽、刚强任性，表现出一种崇高的英雄主义悲剧色彩，而这也正是荷马所要力图表达的时代精神。

《奥德赛》歌颂了英雄们与大自然和社会作斗争中，表现出的勇敢机智和坚强乐观的精神。《奥德赛》故事的前半部分主要描写主人公在海上的离奇遭遇，色彩斑斓，富有非常浓厚的浪漫色彩；后半部分主要描写主人公争夺和维护私有财产的斗争，显得比较细致和深刻，具有一定的现实主义精神。

文学艺术方面的开创性

首先，史诗中已经出现了现实主义和浪漫主义同时使用的创作方法。史诗中描写的战争和人物，既有古代神话传说的因素，又是希腊社会生活的写照。史诗中塑造的英雄群像，如阿客琉斯、赫克托耳、阿伽门农、俄底修斯等，无一不是现实的，同时又是浪漫的；既具有传奇性，又充满写实性；既有民族英雄的共性，又有鲜明的个性特征。在刻画人物性格方面，史诗把人物置于重大的矛盾冲突中，例如阿客琉斯和阿伽门农的矛盾冲突，阿客琉斯和赫克托耳的矛盾斗争等。

其次，史诗的高度艺术概括力和生动具体的细节描写的结合。特洛伊10年大战，头绪纷繁，人事众多，作者却能去粗取精，以小见大，以卓越的艺术概括才能，截取战争结束后的几个片段来写，紧凑集中，性格鲜明。同时这种有高度艺术概括力的历史史实，又是通过对现实中的人和事的具体细致的描写来体现的，有惊险、悲壮、催人感奋的场面描写，也有生离死别、使人泪下的爱情描写。广泛深刻的历史内容通过细致入微的人物活动表现出来，使史诗具有极强的艺术感染力。

再次，史诗创造的完美的文学形式（如"英雄格"的诗行）、明显的口头文学特征（如"荷马式的比喻"）、以个人遭遇为主要内容的传记式体裁（如《奥德塞》）等，也都是史诗在艺术上取得辉煌成就的重要因素，并使之成为后代文学艺术创作的源泉和典范。

【 阅读指导 】

因为《荷马史诗》是一部人类童年时期的作品，包含的野蛮的东西如杀戮、残暴、无休止的战争、视女人为私有财产等，都要从特殊的历史时代背景去认识，否则就会感到不可理解。

《伊利亚特》一开篇，诗人就说出"阿喀琉斯的愤怒是我的主题"，史诗以此为主线，组织和安排材料，刻画英雄人物的果断、勇敢、坚强，展现英雄人物的智慧。这是《荷马史诗》的主旨，我们在阅读时应该抓住这一点。

文艺复兴时期最杰出的小说
——《堂吉诃德》

作　　者：塞万提斯

成书年代：上卷出版于1605年，下卷出版于1615年

必读理由：不朽的"堂吉诃德"

　　　　　小说艺术的改革

【作者简介】

西班牙最伟大的作家

　　塞万提斯·萨维德拉（1547—1616年），出生于一个破落的西班牙贵族家庭。由于家庭经济困难，塞万提斯只接受过简单的中学教育，但他非常喜欢读书，利用有限的机会饱览古今文学名著并受到了人文主义的影响。青年时期的塞万提斯是个爱祖国、爱自由的热血青年。他于1570年从军，翌年便抱病参加抗击土耳其军队的勒班多海战，失去左臂。战后返国途中，被土耳其海盗俘虏至阿尔及尔，1580年被赎回国。为谋生计，曾任军需官及税吏达15年，往返跋涉于西班牙全国各地，亲眼目睹社会不平及人民苦难。

　　从1582年开始，塞万提斯决心用他的笔来揭露西班牙社会的罪恶。在他创作的作品中，以《堂吉诃德》最为著名，影响也最大，成为文艺复兴时期西班牙和欧洲最杰出的作品之一。

【内容精要】

堂吉诃德的三次游侠

　　《堂吉诃德》是一部讽刺灭亡了的骑士制度的长篇小说。小说主人公是居住在拉·曼却村的一个乡绅，原名阿伦索·吉哈达。他对当时风靡社会的骑士小说入了迷，自己也想仿效骑士出外游侠，帮助被侮辱者和被压迫者，于是从家传的古物中，找出一副破烂不全的盔甲和一根长矛，然后骑上一匹瘦马悄悄

离家出走。他给自己取名堂吉诃德，又选中了邻村一个挤奶姑娘，取名杜尔西内娅，作为自己终生为之效劳的意中人。

堂吉诃德的第一次出行很不顺利，他把客店当作城堡，让老板娘给他举行授封仪式。一路上，他单枪匹马地蛮干，向一队不相识的过路商人挑战，结果身受重伤，被乡亲们抬回家来。家人看到他被骑士小说害到这种可怜程度，便把满屋子的骑士小说一烧而光。

第二次旅行，他说服邻村一个名叫桑丘的农夫做他的侍从，随他一同去游侠，并且答应人家有朝一日便可任命他为某个岛上的总督，于是主仆两人又偷偷地上了路。堂吉诃德还是按他脑子里的古怪念头行事，把风车看作巨人，把羊群当作敌军，把苦役犯当作受害的骑士，把酒囊当作巨人头，不分青红皂白，乱砍乱杀，又干出许多荒唐可笑的事情，直到同村的神父和理发师设计把他装进笼子送回家来，才结束了他的第二次游侠。

第三次出游，主仆二人碰到了各种奇遇。他们原计划去萨拉戈萨参加比武，途中遇到一位公爵。这位公爵听说了堂吉诃德和桑丘的游侠故事之后，故意寻他们开心，将他们请到自己的城堡做客，并且让桑丘担任一个镇上的"总督"。堂吉诃德迫不及待地要实现他改革社会的理想，但结果这主仆二人却受尽折磨，险些丧命。堂吉诃德的邻居参孙，为了骗他回家，假装成"白月骑士"与他比武，堂吉诃德失败，不得不听从对方的发落而回家。他到家后即卧床不起，临终才明白骑士小说的危害。他立下遗嘱，嘱咐唯一的继承人侄女千万不要嫁给读过骑士小说的人，否则就取消其继承权。

【必读理由】

不朽的"堂吉诃德"

诺贝尔文学院和瑞典图书俱乐部联合举办的一次民意测验中，来自54个国家和地区的100位作家推选《堂吉诃德》为人类史上最优秀的文学作品，这从一个方面说明了《堂吉诃德》在世界文学史上的不朽地位。无论是在中国还是在西方国家，堂吉诃德这个奇想联翩、滑稽可笑的光辉艺术形象都拥有亿万读者。

《堂吉诃德》这部小说，以堂吉诃德企图恢复骑士道来扫尽人间不平的主观幻想，与西班牙社会的丑恶现实之间的矛盾，作为情节的基础，巧妙地把堂吉诃德的荒诞离奇的游侠与16世纪末17世纪初的西班牙社会现实结合了起来，以史诗般的笔力，向我们展示了一幅恢宏的时代社会画卷，同时也强烈地讽刺、嘲笑和鞭挞了西班牙上层统治阶级，而对人民的苦难则寄予了深切的同情。更主要的是，作者为我们塑造了一个"不畏强暴，不恤丧身"、立志扫尽人间不平的人物形象——堂吉诃德。

堂吉诃德是个涂抹着喜剧油彩的悲剧主人公。一方面，他向往自由，具有高尚的人文主义精神；另一方面，他又是个异想天开的幻想家，在自己的白日梦中，不断幻想着用过时的骑士精神来改造现实，因而屡屡上演闹剧，引爆了无数让人捧腹的笑料。可见，堂吉诃德是个被幻想放大了的英雄，虽然他的信仰是不合时宜的，他的行为是疯狂的，但是他的动机却高尚得足以令我们每个人惭愧不已。《堂吉诃德》利用文学形式，将"理想与现实"人类普遍存在的矛盾揭示得如此深刻，刻画得淋漓尽致，因而每代人都感受颇深，予以认同。

正是这种具有"永恒"与"普遍"意义的深层蕴涵，才使得《堂吉诃德》几百年来长盛不衰，具有永恒的艺术魅力。

小说艺术的改革

《堂吉诃德》的伟大成就也可以体现在它对现代小说的影响方面。北京大学的赵德明教授认为，塞万提斯通过《堂吉诃德》的创作，奠定了世界现代小说的基础。这不仅仅因为塞万提斯早在17世纪初期就写出了《堂吉诃德》这部轰动一时的长篇作品，成为西欧历史上的"第一人"，更重要的还是他在这部伟大的作品中，尝试了多种与中世纪传统小说有别的艺术写作手法，如真实与想象、严肃与幽默、准确与夸张、故事中套故事等等，并且取得了巨大的成功，完成了小说艺术上的改革。

此外，《堂吉诃德》在表现人性及社会现实的同时，还表现了作者对文学创作的思考。例如他认为"描写的时候模仿真实，模仿得愈亲切，作品就愈好"，"凭空捏造越逼真越好，越有或然性和可能性，就越有趣味"等等，这些都可以作为小说创作的原则指导。小说第二部还描写了人们对小说第一部的反映和批评，从人物对堂吉诃德的不同态度表现了社会各个阶层不同人物的形象。因此，小说揭示了文学作品对读者的影响，揭示了作家、作品和人物的相互关系，表现了作者对文学创作的强烈自我意识。诸如此类，在其他的小说中都是不常见到的。

《堂吉诃德》在西班牙文学中具有崇高的独一无二的地位。它的出现，标志着西班牙古典艺术已经达到了一个高峰。同时，它也使塞万提斯本人成为欧洲近代小说的先驱。这些成就对西班牙文学、欧洲文学乃至整个世界文学的影响都是不可估量的。

【 阅读指导 】

《堂吉诃德》这部经典著作，永远给人以不同的感受，给人以新的启迪。不同时代的人，不同生活经历的人，不同人生理想目标的人，都会有着不同的理解。堂吉诃德这一复杂的艺术形象是解读的重点。

另外，了解外国文学的发展脉络，知道什么是骑士文学，才能更好地理解这部小说在艺术方面的开创性，以及它对后世文学的影响。

中国古典小说的最高成就
——《红楼梦》

作　　者：曹雪芹

成书年代：清代乾隆年间

必读理由：展示了内涵丰富的悲剧世界

　　　　　创造出成群真实鲜活的人物形象

　　　　　卓越的叙事艺术

【作者简介】

穷而后工的伟大文学家

　　曹雪芹（约1715—约1763年），清代伟大的小说家。名沾，字梦阮，雪芹是其号，又号芹圃、芹溪。他出身于一个"百年望族"的大官僚地主家庭，少年时代过着富贵奢华生活，爱好研究金石、诗书、绘画、园林、中医、织补、工艺、饮食等。后因家庭的衰败而饱尝了人生的辛酸。在人生的最后阶段，他以坚韧不拔的毅力，历经10年创作了《红楼梦》，并专心致志地做着修订工作，死后遗留《红楼梦》前80回稿子。

【内容精要】

"一块石头"阅历的人间悲欢

　　《红楼梦》的前80回，其作者是伟大作家曹雪芹；对高鹗续作后40回，目前学术界尚有争议。

　　这部巨著又叫"石头记"，女娲补天时，剩下一块石头，无用，弃于大荒山青埂峰下。茫茫大士和渺渺真人把石头幻化成一块美玉，镌上字，由神瑛侍者口衔着投胎到贾家，下世经历了一番。

　　故事以贾宝玉、林黛玉的爱情悲剧为中心，着重描写了以贾家荣、宁二府为代表的四大家族的兴衰，揭示了封建大家庭的各种错综复杂的矛盾，表现了封建的婚姻、道德、文化、教育的腐朽、堕落。联系广阔的社会背景，通过对400多名栩栩如生的人物形象的精心刻画，描绘了当时中国社会的风情世俗，展示了极其广阔的封建社会的典型生活环境，曲折地反映了那个社会必然崩溃、没落的历史趋势。

作品还歌颂了贵族的叛逆者和冲破封建礼教的爱情，体现出追求个性自由的初步的民主主义思想，并深刻而全面地揭示了贾宝玉、林黛玉、薛宝钗三人之间爱情婚姻悲剧的社会根源。

【必读理由】
展示了内涵丰富的悲剧世界

《红楼梦》是一部内涵丰厚的作品，展示了一个多重层次又互相融合的悲剧世界。全书以贾宝玉为轴心，以他独特的视角来感悟人生。顽石幻化成的贾宝玉经历了"木石前盟"和"金玉良缘"的爱情婚姻悲剧，目睹了"金陵十二钗"等女儿的悲惨人生，体验了贵族家庭由盛而衰的巨变，从而对人生和尘世有了独特的感悟。

从整部作品看，《红楼梦》笼罩着一层由好到坏，由色到空的感伤色彩。《好了歌》及其注解就是人生悲剧的主题歌，带着"色空"、梦幻的情绪。正如鲁迅所说："悲凉之雾，遍被华林，然呼吸而领会之者，独宝玉而已。"

作品最为深刻之处在于，并没有把这个悲剧完全归于恶人的残暴。其中一部分是封建势力的直接摧残，如鸳鸯、晴雯、司棋这些人物的悲惨结局，但是更多的悲剧是封建伦理关系中的"通常之道德、通常之人情、通常之境遇"导致的，是几千年积淀而凝固下来的正统文化的深层结构造成的人生悲剧。例如，薛宝钗这个人物的人生悲剧。

薛宝钗是一个美貌而性格温顺的少女，她具有出众的聪明才智。在生活上，她也有爱美的天性和很高的审美能力，可她却常常自觉不自觉地去压抑自身的爱好和情趣。她信从封建道德，磨去自己应有的个性锋芒，对自己所爱的人与物不敢有太强烈的追求，而对自己不喜爱的人与事也不敢断然决裂，她的生命处于一种扭曲抑制的状态。她信奉"女子无才便是德"，教训黛玉"你我只该做些针线纺绩的事……最怕看了这些杂书，移了性情，就不可救了"；她认为男人们应该"读书明理，辅国安民"，所以规劝宝玉注重"仕途经济"；

她有封建等级观念，对金钏的投井，对尤三姐、湘莲的悲剧，都采取了冷漠的态度，成为符合封建标准的"冷美人"。她虽然爱着贾宝玉，但是，她并不理解宝玉那颗"童心"，对他的任性乖张不以为然，所以这个"冷美人"难以获得贾宝玉炽热的赤子之心。虽然贾宝玉被迫与她结婚，"到底意难平"，最终"悬崖撒手"，宝钗拥有的是没有爱情的婚姻悲剧。

围绕着"悲金悼玉"的爱情婚姻悲剧，《红楼梦》还写出了"千红一哭""万艳同悲"的"女儿国"的悲剧。才选凤藻宫的元妃，到"那不得见人的去处"，闷死在深宫；迎春误嫁"中山狼"，被折磨致死，"一载赴黄粱"；探春"才自精明志自高，生于末世运偏消"，远嫁他乡，"掩面泣涕"；惜春"勘破三春景不长"，出家为尼，"可怜绣户侯门女，独卧青灯古佛傍"。贾府四春，免不了"原应叹息"的命运。史湘云虽"英豪阔大"，爽朗乐观，"终久是云散高唐，水涸湘江"，命运坎坷。李纨终身守寡，谨守妇道，但仍摆脱不了"枉与他人作笑谈"的悲剧。自幼遁入空门，带发修行的妙玉，"欲洁何曾洁"，到头来依旧是"终陷淖泥中"。至于大观园的婢女，命运更为悲惨。"心比天高，身居下贱"的晴雯，被逐出大观园，抱恨夭亡；司棋被剥夺婚姻自由而以死抗争，撞墙自尽等等人物的悲剧不一而足。

大观园的悲剧是爱情、青春和生命之美被毁灭的悲剧。作者不仅哀悼美的被毁灭，而且深刻揭示了造成这种悲剧的根源，这是对封建社会和文化进行的深刻反思，也是一种精神的觉醒。

创造出成群真实鲜活的人物形象

《红楼梦》文学创作上的新境界和巨大成功，突出地表现在塑造出了成群的性格鲜明而又富有社会内蕴的人物形象。小说中出现的有姓名的人物多达480多人，给读者留下深刻印象的至少也有数十人。不独像贾宝玉、林黛玉、薛宝钗、王熙凤、袭人、晴雯等频繁出现的主要人物，即使是着笔不多乃至偶尔一现其相的人物，如寄生于贾府的"槛外人"妙玉、一次责骂主子而被捆绑起来塞了一嘴马粪的焦大、在主子面前以口齿伶俐逞能的小丫头小红，还有到贾府打秋风的农村老妇刘姥姥，也都令读者掩卷不忘，成为近世众人评说的对象。

《红楼梦》写人物"打破了历来小说窠臼"。鲁迅评说《红楼梦》的价值："其要点在敢于如实描写，并无讳饰，和从前的小说叙好人完全是好，坏人完全是坏的，大为不同，所以其中所叙人物，都是真的人物。"所谓"真的人物"，就是虽然不是实有，但却是现实世界中某些人物的真实写照，反映那种人物的真实面貌。

贾宝玉是主要中心人物，他出身不凡，又聪明灵秀，是贾氏家族寄予重望的继承人。但他的思想性格却促使他背叛了他的家庭。他也曾被送到家塾去读四书、五经，但家塾的内容和风气是那样的腐朽败坏，那些循着这个教育路线培养的老爷少爷们是那样的庸陋可憎，他对于封建教育的这一套，在感情上格格不入。贾宝玉性格的核心是平等待人，尊重个性，主张各人按照自己的意志自由活动。在他心眼里，人只有真假、善恶、美丑的划分。他憎恶和蔑视世俗男性，亲近和尊重处于被压迫地位的女性。他说过，"女儿是水做的骨肉，男子是泥做的骨肉。我见了女儿便清爽，见了男子便觉浊臭逼人"。与此相应，他憎恶自己出身的家庭，爱慕和亲近那些与他品性相近、气味相投的出身寒素和地位微贱的人物。这实质上就是对于自己出身的贵族阶级的否定。同时，他极力抗拒封建主义为他安排的传统的生活道路，对封建士子的最高理想功名利禄、封妻荫子，十分厌恶，全然否定。他只企求过随心所欲、听其自然的生活，亦即在大观园女儿国中斗草簪花、低吟浅唱、自由自在地生活。即便是体现作者关照世界的心灵的贾宝玉，虽带有浓重的意象化特点，也没有使之成为完全理想化的人物，他还没有脱尽富家公子的习性。

真实鲜活的人物，最突出的是王熙凤。王熙凤是荣国府里年轻美貌的掌权的女主子，与上下各类人物都要打交道。她对老祖宗贾母刻意地逢迎邀宠，对婆母王夫人非常敬顺，受命必行，讨得贾母的欢心、王夫人的信赖，不失为能干孝顺的好媳妇。她对荣宁二府的姊妹、妯娌们，远近亲疏各异，却赢得了大多数人的信服，从来未伤和气。对府中的各等级的奴仆、婢女，恩威并施，采取了怀柔和虐待并用的统治术，成为奴仆们最惧怕的主子。她一方面是治家的能手，驾驭着这繁杂的大家庭；另一方面却是营私的里手，克扣、拖延发放各房的月例银，拿出去放债，还依恃家族权势，勾结官府，包办官司，蛀蚀和败坏着她依赖的这个家族。小说从生活的多个侧面，写出了这样一个美丽聪明、时善时恶、时而爽朗时而阴险、时而温良时而狠毒的贵家管家女人的形象。在不计其数的小说作品中，王熙凤是一个罕见的、复杂得令读者难以简单地判定其美丑的人物。

《红楼梦》里还有许多人物，特别是女性人物，都是不能简单地判定其美丑、善恶的，虽然并不是都像王熙凤那样复杂，却也都富有深蕴。每一个人物形象往往都是多义的，耐人寻味的。

卓越的叙事艺术

《红楼梦》对小说的传统写法有了全面的突破与创新。它彻底地摆脱了说书体通俗小说的模式，极大地丰富了小说的叙事艺术，对中国小说的发展产生了深远的影响。

曹雪芹以自己独特的方式去感觉和把握现实人生，又以独特的方式把自己的感知艺术地表达出来，形成了独特的叙事风格，这就是写实与诗化的完美融合。作者直接取材于现实社会生活，是"字字看来皆是血"，渗透着作者个人的血泪感情。作品"如实描写，并无忌讳"，保持了现实生活的多样性、现象的丰富性。但是，《红楼梦》又不同于严格的写实主义小说，作者是以诗人的敏感去感知生活，着重表现自己的人生体验，极写人物心灵的颤动、令人参悟不透的心理、人生无可回避的苦涩和炎凉，让读者品尝人生的况味。整部小说雄丽深邃而又婉约缠绵，把中国古代小说从俗文学提升到雅文学的品位。

另外，作者比较彻底地突破了中国古代小说单线结构的方式，采取了多条线索齐头并进、交相联结而又互相制约的网状结构。青埂峰下的顽石由一僧一道携入红尘，经历了人间的悲欢离合，又由一僧一道携归青埂峰下，这在全书形成了一个严密的、契合天地循环的圆形结构。在这个神话世界的统摄之下，以大观园这个理想世界为舞台，着重展开了宝、黛爱情的产生、发展及其悲剧结局，同时，体现了贾府及整个社会这个现实世界由盛而衰的没落过程。《红楼梦》的众多人物与事件都组织在这个宏大的结构中，互相影响，互相制约，层次分明，有条不紊。它像用千万条彩线织起来的一副五光十色的巨锦，又像生活本身那样丰繁复杂，真实自然。

【阅读指导】

读《红楼梦》不能脱离人物所处的环境和具体背景，抽象地判断其是非、美丑，重要的是要透过一些现象和事件进行深层次的理解。例如：探春是赵姨娘的亲生女儿，精明的她为了摆脱自己与生俱来的劣势，不承认赵姨娘是母亲，嫌弃亲生弟弟贾环，特别亲近宝玉。在主持家务、处理作为仆人的舅舅的丧事赏银问题上，毫不徇情地依旧例行赏，甚至公然和赵姨娘争执名分问题，显得过于绝情。这就是真实的生活，真实的人物。小说显示了其中的荒谬，读者不必对探春的性情和行事做简单化的或褒或贬的道德判断，那样便失之于片面，忽略其中蕴含的意义。这种情况在《红楼梦》里还有，如对薛宝钗的随分从时、胸襟豁达、极会做人的形象刻画，对刘姥姥在贾府里甘心受戏弄、巧于周旋的描写等等。

此外，判词是对所有人物命运的一个概括，应多读几遍，然后再读故事情节。在阅读时应注意分清人物的关系、家族层次，从而总结人物故事梗概。对于自己喜欢的个别人物可分回合阅读，分部分记笔记。

辉煌的长篇叙事诗
——《叶甫盖尼·奥涅金》

作　　者：普希金

成书年代：1824年

必读理由：塑造了第一个"多余人"

【作者简介】

俄罗斯文学之父

　　亚历山大·谢尔盖耶维奇·普希金（1799—1837年），被公认为俄罗斯著名的文学家、最伟大的诗人及现代俄国文学的创始人，堪称俄罗斯文学之父。他生于莫斯科的一个贵族家庭，从小受到文学的熏陶，13岁开始写诗。1811年，普希金随伯父来到彼得堡，进入俄国最有名的皇村学校，在那里他接受了法国启蒙思想的影响，推崇自由的精神。1812年卫国战争激起他的爱国热情。

　　1817年在皇村学校毕业后进外交部任职，广泛结交优秀的贵族青年。这些后来成为十二月党人的禁卫军军官，特别是恰达耶夫，对他有很大的影响。他写下一些歌颂自由、反对专制暴政的充满激情的诗篇。1820年，他被沙皇政府流放到南方，1826年从流放地回到莫斯科，在沙皇监视下埋头写作。1837年在决斗中被杀害。

【内容精要】

一个贵族青年的矛盾生活

　　这部小说是长篇诗体小说，主人公叶甫盖尼·奥涅金在贵族的传统环境中长大，有过和一般贵族青年相似的奢靡生活道路。但是，当时的时代气氛和进步的启蒙思想、亚当·斯密的《国富论》和卢梭的《社会契约论》、拜伦颂扬自由和个性解放的诗歌，都对他产生了影响，使他对现实的态度发生了变化。

　　他开始厌倦上流社会空虚无聊的生活，抱着对新生活的渴望来到乡村，并试图从事农事改革。但是，华而不实的贵族教育没有给予他任何实际工作的能力，好逸恶劳的恶习又在他身上打下了深深的烙印，加之周围地主的非难和反对，奥涅金到头来仍处于一无所成、无所事事、苦闷彷徨的境地，染上了典型的时代病——忧郁症。

在乡下的庄园，他和连斯基及其未婚妻奥尔伽成为好朋友。奥尔伽的姐姐达吉雅娜纯朴、多情，她热烈地爱上了奥涅金，并勇敢地写信向他倾诉自己纯洁的爱情，但奥涅金一番劝说拒绝了她。一次家庭宴会，感到一切都庸俗无聊的奥涅金故意向奥尔伽献殷勤，引起连斯基的愤怒。连斯基要求与他决斗，奥涅金在决斗中打死了自己的朋友。

追悔莫及之余，奥涅金离开乡下出国漫游。几年后，在圣彼得堡一个舞会上，奥涅金和已成为将军夫人的达吉雅娜重逢，发现自己深深爱上了她。尽管深爱着奥涅金，但达吉雅娜无法背叛自己的丈夫，于是拒绝了他。

【必读理由】

塑造了第一个"多余人"

普希金在主人公奥涅金身上，准确地概括了当时一部分受到进步思想影响，但最终又未能跳出其狭小圈子的贵族青年的思想面貌和悲剧命运，从而成功地塑造出了俄国文学中的第一个"多余人"形象。

奢侈无聊的贵族生活养成了奥涅金的恶习，他缺乏毅力和恒心，毫无实际工作能力。腐朽黑暗的社会使他找不到生活方向，上流社会穷奢极欲又俗不可耐，爱情不过是虚情假意，他所处的环境到处写满了无聊和欺骗，生活所显示的虚幻促使他超越生活本身，去思考生命的意义。但他找不到答案，他成了一个怀疑主义者。苦闷的他在日记中曾写道："没有比找不到活着的理由更让人苦闷了，也没有比找不到生活目的的人更感多余。"根植于其内心深处的空虚感，使他失去了生命的热情和追求幸福的勇气。即使达吉雅娜热烈的情书"深深触动了奥涅金的心弦"，但他觉得自己"不是为幸福而生"，"日子一久，我就变得冷酷"，于是深藏感情而故作残忍，最终造成一系列人物的悲剧。最后，当奥涅金回到圣彼得堡上流社会，再次和达吉亚娜相遇时，他发现自己悲观厌世的心灵深处，早已深埋的爱情之火和生活热情从没熄灭。奥涅金深深知道，这将是他摆脱忧郁苦闷的最后一次机会，爱情是根救命稻草，但命中注定他捞不着。

普希金的《叶甫盖尼·奥涅金》里的主人公"奥涅金"，在某种意义上可以说是"多余人"的鼻祖。"多余人"是19世纪俄国文学中所描绘的贵族知识分子的一种典型。他们的特点是出身贵族，生活在优裕的环境中，受过良好的文化教育；他们虽有高尚的理想，却远离人民，虽不满现实，却缺少行动；他们"永远不会站在政府方面"，也"永远不能站在人民方面"；他们是"思想上的巨人，行动上的矮子"，只能在愤世嫉俗中白白地浪费自己的才华。

诗人以精湛的现实主义艺术手法，塑造了典型环境中的典型人物，表达了那个时代俄罗斯青年的思想和苦闷、探求和觉醒、不幸和悲剧。

【阅读指导】

在阅读《叶甫盖尼·奥涅金》之前，应了解作者所处的时代背景。此外还需了解作者的创作意图和思想，以加深对人物思想情感的体会。

这部小说用诗体写成，饱含情感，语言优美，洗练流畅，富有节奏感，确立了俄罗斯语言规范，所以建议摘抄或者朗读一些段落，以更深地体会其中的美感。

法国批判现实主义奠基之作
——《红与黑》

作　　者：司汤达

成书年代：1830年

必读理由：西方平民阶层命运的缩影

　　　　　艺术上的突出成就

【作者简介】

最早的现实主义写作者之一

　　司汤达（1783—1842年），原名玛利·亨利·贝尔，出生于法国东南部格勒诺布尔市一个有产阶级家庭。7岁丧母，从小受外祖父影响，很早便阅读了伏尔泰、孟德斯鸠等人的著作。年轻时曾加入拿破仑军队，先后随拿破仑南征北战。波旁王朝复辟后被扫地出门，在意大利旅居7年，开始从事写作，完成《海顿、莫扎特、梅达斯太斯的生平》、《意大利绘画史》等。1822年，匿名为英国报刊撰写巴黎的通讯报道，这些文章在他死后集成《英国通讯集》。1823—1825年，发表文艺论文《拉辛和莎士比亚》，提倡"现实主义"创作方法。此后创作了一系列小说《阿尔芒斯》、《红与黑》、《红与白》、《帕尔马修道院》等，其作品以准确的人物心理分析和凝练的笔法而闻名，最有名的是《红与黑》和《帕尔马修道院》。

【内容精要】

平民资产阶级青年个人奋斗的悲剧

　　《红与黑》是法国批判现实主义的第一部杰出作品。

　　主人公于连出生在小城维立叶尔郊区的一个锯木厂家庭。他幼时身材瘦弱，在家中被看成是"不会挣钱"的"不中用"的人，常遭父兄打骂和奚落。卑贱的出身又使他常常受到社会的歧视。少年时期的于连聪明好学，意志坚强，精力充沛。他接受了启蒙思想家的自由平等观念和无神论思想，并在一位拿破仑时代老军医的影响下，崇拜拿破仑，幻想着通过"入军界、穿军装、走一条'红'的道路"来建功立业、飞黄腾达。

然而，在他14岁那年，波旁王朝复辟了，平民可以平步青云的拿破仑时代过去了。于连不得不选择"黑"的道路，幻想进入修道院，穿起教士黑袍，以便将来成为一名"年俸10万法郎的大主教"。18岁时，于连到维立叶尔市长德·瑞那家中担任家庭教师，而市长只将他看成拿工钱的奴仆。自尊心受到伤害的于连，便以追求市长夫人来报复市长。

他与市长夫人的关系暴露后，被迫进入了贝尚松神学院，投奔了院长彼拉，当上了神学院的讲师。后因教会内部的派系斗争，彼拉院长被排挤出神学院，于连只得随彼拉来巴黎，当上了极端保皇党领袖德拉·木尔侯爵的私人秘书。他因沉静、聪明和善于谄媚，得到了木尔侯爵的器重，又以渊博的学识与优雅的气质，赢得了侯爵女儿玛特儿小姐的爱慕。尽管不爱玛特儿，但他为了抓住这块实现野心的跳板，竟使用诡计占有了她。得知女儿已经倾心于于连，非他不嫁后，侯爵不得不同意这门婚姻。于连为此获得一个骑士称号、一份田产和一个骠骑兵中尉的军衔。此时的于连又开始做起了"30岁当司令"的美梦。他变成了 个封建贵族阶级的忠实奴仆，在保皇党策划的政治阴谋中，冒着生命危险为侯爵传递情报。

正当他踌躇满志时，贵族阶级与反动教会狼狈为奸，诱使市长夫人写了揭发于连的告密信，致使侯爵取消他与玛特儿的婚约。于连美梦破灭，盛怒之下枪伤了市长夫人，被判处死刑。在狱中，于连终于明白：像他这样出身卑贱的人，在等级森严的封建制度中，是不可能通过个人奋斗而飞黄腾达的。于是他拒绝上诉，坦然走上了断头台。

【必读理由】

西方平民阶层命运的缩影

《红与黑》自1830年问世以来，赢得了世界各国一代又一代读者的心，特别是受到年轻人的喜爱，主要在于司汤达塑造了一个永恒的形象——于连。

作为一个平民青年，于连在生活中处处受到压抑的痛苦，对社会阶级有着"一种天生的敏感"，所以他寻找着一切机会向这个社会进行报复。同时，出于向上爬的心理，他又不得不常常向他所憎恨的那些贵族、僧侣阶级妥协，以图谋挤进上流社会的圈子。他最敬慕的人是拿破仑，却害怕别人知道而闭口不提；他根本不相信上帝的存在，却装出一副虔敬天主的样子；他把全部《圣经》看作谎言，却将整部拉丁文《圣经》背诵如流。当他看到教会盛极一时，他决定穿上黑色教会服，通过教会的门路向上爬。在贝尚松神学院，为了出人头地，于连在险恶的环境中把对教会的仇恨埋在心底，不信教却是神学院最虔诚的教徒，是彼拉院长的宠儿。在这里，具有反抗意识的青年逐渐成了一个和教会同流合污的野心家。

在木尔侯爵府，于连为了实现自己的野心，忠心为侯爵效劳、和侯爵女儿玛特儿恋爱、结婚。于连逐步地向贵族势力妥协，他以虚伪为武器，以反抗和妥协为手段，开始了个人奋斗的道路。

他常常口是心非，言不由衷，把自己的真实感情深藏起来。通过种种妥协，他得到了实惠，爬到了社会的上层。但于连最终扮演了"一个叛逆的平民的悲惨角色"，成了"一个跟整个社会作战的不幸的人"。在红与黑的交织中，于连自始至终都只能挣扎地前进，因为时代容不下这样一个出身平民的青年凭借他自己的才能踏入上流社会。这就是残酷的无法逃避的现实，于连最终成为统治阶级阴谋的牺牲品。

司汤达以细致有力的笔触，剖析了社会环境在形成于连矛盾性格和双重人格中的作用。作品通过描写于连的矛盾性格和悲剧命运，揭示了小资产阶级对复辟社会的强烈反抗，以及在反抗中表现出来的小资产阶级的妥协性、动摇性和软弱性，对复辟时期的法国社会作了深刻有力的揭露和批判。于连既高尚又卑鄙，志向与野心、正直与虚伪融为一体，使其短暂而又不平凡的一生几乎成为西方平民阶层命运的一个缩影。也正是因为于连复杂的性格特征和他在现实里失败的因素，使他成为能存活到今天的一个丰满的文学形象，成为现代青年足以从中产生某种共鸣的艺术形象。

艺术上的突出成就

《红与黑》是一部思想性和艺术性高度统一的批判现实主义杰作，在艺术上取得突出成就，表现出鲜明特色：

第一，善于通过典型环境中的典型人物的塑造，反映时代的本质特征。小说中，作者主要描写了3个典型的环境：充满唯利是图气氛的维立叶尔城、阴森的贝尚松神学院、腐败与阴谋的权力中心巴黎。这里，无论是世俗社会，还是宗教领地，到处都是阴谋、伪善，到处都是统治阶级的飞扬跋扈，都是对平民阶级的仇恨与蔑视。对于连性格的形成和发展，上述环境起了重要作用。

第二，表现出高超的心理分析技巧。当有人询问司汤达的职业时，他严肃地答道："人类心灵的观察者。"法国19世纪杰出的文学批评家泰纳也赞誉司汤达是"古往今来最伟大的心理学家"。

我们从《红与黑》中可以看到，使用内心独白的手法，对人物的思想、感情、情绪、心理活动的描述，亦即对人物内在世界的描述，成了司汤达塑造人物性格的至关重要的手段，使得于连等形象被刻画得鲜明而丰满。小说中对于连和德·瑞那夫人、玛特儿小姐的恋爱心理的描写，特别是写于连对不同环境的感受、对外界刺激的反应、决定性时刻的内心冲突和斗争、瞬息间的思想感情的变化，写他的爱慕与憎恨、幻想与颓丧、勇敢与怯懦、骄傲与自卑、狂热与郁闷、欢乐与痛苦等种种两重性心理，都非常真实具体，引人入胜。没有心理描写，于连的性格便不会如此鲜明突出。

第三，情节集中紧凑，结构明晰完整。作家以于连的生活史为线索，以他两次恋爱的成败作为推动情节发展的关键，选择外省小城、省会神学院和巴黎侯爵府三个典型场景，概括当时法国社会全貌。场景的转换具有内在联系，各种人物的出现都于连有关，多数人物在于连生命的最后阶段重新出现，不少动人的生活场景首尾呼应。这些，都使人物、情节和环境交织而成有机的整体。

【 阅读指导 】

《红与黑》是一本很好读的书，故事内容很吸引人，然而这只是这部优秀小说最粗浅的部分。我们读这部小说时，除了情节之外，要注意那些描写人物内心生活和社会真相的部分，从而把握人物形象的丰富内涵以及作者对于人生的深刻观照。否则就会像著名美学家朱光潜所说的，"读小说只见到故事而没有见到它的诗，就像看到花架而忘记架上的花"。

震撼人心的命运交响曲
——《巴黎圣母院》

作　　者：雨果

成书年代：1831年

必读理由：一部艺术生命力巨大的悲剧

　　　　　美丑善恶对照产生的震撼力量

【作者简介】

人道主义的浪漫斗士

　　维多克·雨果（1802—1885年）是法国19世纪浪漫主义文学运动的领袖和最杰出的代表。雨果年少时期思想保守，崇拜法国早期浪漫主义作家夏多布里昂。但后来雨果在思想上转向资产阶级民主主义，并积极参加浪漫主义文学运动。1827年发表的《〈克伦威尔〉序言》，被称为法国浪漫主义戏剧运动的宣言。1830年发表的《欧那妮》及其公演，则标志着浪漫主义对古典主义的决定性胜利，雨果也因此成为法国浪漫主义运动的领袖。此后，雨果的思想一直跟随时代步伐前进，并曾因反对路易·波拿巴的反革命政变及其独裁统治而被迫流亡国外。

　　雨果几乎经历了19世纪法国的一切重大事变，贯穿他一生活动和创作的主导思想是人道主义、反对暴力、以爱制恶。他的创作期长达60年以上，作品包括诗歌、小说、戏剧、哲理论著，但主要成就在诗歌和小说方面，给法国文学和人类文化宝库增添了一份十分辉煌的文化遗产。雨果的代表作有：诗集《惩罚集》，长篇小说《巴黎圣母院》、《悲惨世界》等。

【内容精要】

善与美无辜被毁的命运悲剧

　　《巴黎圣母院》是雨果浪漫主义小说的代表作，也是雨果小说创作的里程碑。它以离奇和对比手法写了一个发生在15世纪法国的故事：流浪艺人爱斯梅拉达是一位美丽动人、心地纯洁的吉卜赛少女。当她在巴黎圣母院前格雷弗广场载歌载舞欢度"愚人节"时，圣母院副主教克洛德对她动了淫心，当即指使他的养子、圣母院畸形敲钟人卡西莫多去劫持爱斯梅拉达。爱斯梅拉达被正在巡逻的国王卫队长弗比斯救下，她随即爱上了这个轻浮而又负心的军官。

不久，卡西莫多被鞭打示众，口渴如焚，爱斯梅拉达出于同情，将水送到他的嘴边。卡西莫多从此把爱斯梅拉达视为自己心目中的女神。当爱斯梅拉达与弗比斯幽会时，克洛德扮作妖魔刺伤了弗比斯，并嫁祸于爱斯梅拉达。爱斯梅拉达因此被判绞刑。她宁死也不愿屈从于克洛德的淫威，拒绝了克洛德的以贞操换生存的无耻要挟。行刑之日，卡西莫多从法场上将爱斯梅拉达抢入圣母院楼顶避难，日夜守护着她。当法庭无视圣地避难权决定逮捕爱斯梅拉达时，乞丐王国的流浪汉们闻讯攻打圣母院，国王下令镇压。混战之中，克洛德将爱斯梅拉达劫出圣母院，再次逼迫她屈从自己。遭到拒绝后，克洛德将爱斯梅拉达交给了追捕的官兵，亲眼看着她被绞死。绝望的卡西莫多认清了克洛德的真面目，将他从楼顶上推下摔死，自己则抱着爱斯梅拉达的遗体默默死去。故事离奇曲折，充满悬念，感情充沛，引人入胜。

【必读理由】
一部艺术生命力巨大的悲剧

《巴黎圣母院》多次被改编成电影或戏剧等其他不同艺术形式演出，在世界上广泛流传，受到了亿万观众的欢迎，具有巨大的思想艺术生命力。

这部小说以15世纪巴黎社会生活为背景，写了三个主要人物的悲剧：

女主角爱斯梅拉达美丽、善良、开朗、勇敢。她热爱生命、热爱歌唱与舞蹈。当诗人格兰古瓦即将被乞丐王国绞死的关键时刻，她毫不犹豫地以愿意和他结婚的方式救下了诗人；当奇丑无比的卡西莫多被绑在烈日下的耻辱柱上受鞭打示众，快要晕死过去时，她不计前嫌，勇敢地给他喂水喝。她是一位不仅外貌美丽，心灵更加美丽的吉卜赛女郎。然而，爱斯梅拉达的人生却是一个美丽的悲哀！她耗尽心力，努力追求的弗比斯却是一个不值得爱的人，玩弄感情，花言巧语，胆小怕事、贪图权贵，最后还把她送上绞架；她因为美丽而被贪图她美貌的副主教克洛德无情地陷害；她因为对爱执着而没有看清丑陋的骗子，辜负并错过了就在身边的真爱——卡西莫多。她美丽善良，坚强且独立，可不能享受亲情，在社会的底层忍受着上层的欺压与折磨，经历了太多的苦难和不公，最终被陷害致死。

卡西莫多长相畸形，样貌奇丑，又跛又驼又聋，他被人们嘲笑、玩弄和侮辱，却有着一副善良的心肠，拥有一个美丽纯洁的灵魂。他并没有因为上天的嘲弄而使自己走向绝望，他热爱着生活。他对收养他的副主教克洛德·孚罗洛大人的感激与无私的报答，构成了他的另一个悲惨：他的惟命是从给他带来的是被当作小丑一样的在广场上被鞭打，而他尊重的克洛德大人对此却是无动于衷，为了自己的利益、颜面还有尊严甚至没有为他说上一句好话。在他饥渴难耐时，爱斯梅拉达拨开众人，走上刑台，把水送到他嘴边，从此在他的眼里、他的世界里，爱斯梅拉达就仿似一位女神，是他生命中的唯一。在他保护爱斯梅拉达的时候，因为听力不好，因为太害怕失去，竟误解了好心的乞丐们，费尽力气想驱赶他们，结果使国王一伙人得手，致使爱斯梅拉达死亡。当他看明白丑恶的现实时，他最后把收养自己的副主教推下了圣母院，自己则拥着爱斯梅拉达的尸体死去。他的高尚而纯洁的爱情就这样被坟墓所掩埋。

最反面角色克洛德本身也是一个悲剧。他的地位是至高无上的副主教，但在他冷漠顽固的外表掩饰下，却潜藏了一颗火热的心，一颗对爱情追逐的心。当他看到美丽的爱斯梅拉达时，埋藏在心中的这种热情一涌而出、一发不可收拾，使他迷茫、不安，感到从来没有过的无所适从。这本来是一种无可非议的正常情感，可长期的禁欲生活使他的人格发生了变化，对上帝的信仰不但没有给他带来安宁与平静，反而使压抑了太久的情感变得扭曲、畸形，得不到的就去摧毁！当我们痛斥他的时候，也不禁为他被愚昧落后的观念摧毁了的一生感到一份惋惜，哀叹他的人生与情感都沉浸在压抑、嫉妒、恐慌、报复之中，没有得到一点快乐！

在每一个悲剧人物的悲情故事中，人们都能体味到深深的悲痛，体会到悲剧所带给人们的别样的灵魂震撼。更重要的是，悲剧人物组合、演绎的悲剧剧情，暴露了邪恶的宗教势力的黑暗、封建专制司法制度的残酷，揭示了禁欲主义压抑下人性的扭曲和堕落的过程，表达了作者对下层人民的深切同情，宣扬了博爱、仁慈的人道主义思想。

美丑善恶对照产生的震撼力量

美丑对照是雨果浪漫主义文艺思想的核心。他认为"滑稽丑怪作为崇高优美的配角和对照，要算是大自然给予艺术最丰富的源泉"，善良的东西总伴随着丑恶的存在，在矛盾和尖锐的斗争中体现出来。《巴黎圣母院》是雨果浪漫主义的代表作，整个作品自始至终都体现了这种对照原则，运用这种原则组成惊心动魄的情节，创造了异乎寻常的人物，给人们展现出一幅光明与黑暗的殊死抗争的画面。

首先是巴黎城市和圣母院和谐美丽的自然环境，与人民阴暗不幸的生活构成鲜明对比，这样更突出暴露了封建暴政的黑暗。

其次是任意诬陷、草菅人命的封建王朝，与尊重人权、公正廉明的"奇迹王朝"的对比。

最后也是最主要的，是人物形象的对比：正面与反面人物的对比——爱斯梅拉达和卡西莫多是善良、真诚和美好的人性的代表，克洛德和弗比斯则是自私、冷酷和丑恶的人性的代表，善与恶十分鲜明地在这两组人物身上分别体现，产生强烈的对照。此外，还有正面与正面、反面与反面人物之间的对比，如心灵同样高洁的爱斯梅拉达和卡西莫多，一个外貌奇美，一个则外貌奇丑；以及人物自身的对比，如卡西莫多外表的极度丑陋和心灵的高尚美好，弗比斯相貌的俊美掩盖着心灵的空虚与丑恶。

通过这几种矛盾对照格局，小说实现了"丑就在美的旁边，畸形靠近着优美，丑怪藏在崇高的背后，美与恶并存，光明与黑暗相共"的浪漫主义美学原则，产生了震撼人心的力量。

【阅读指导】

《巴黎圣母院》篇幅很长，书中有不少大段落细致描述历史地点、事件和风俗，可根据个人兴趣和阅读目的，对这些内容采取跳读或略读法。

在了解这部小说的大致情节和主旨之后，可以重点阅读经典篇章：第二卷第三节"以爱来对待打击"、第六卷第四节"一滴眼泪换一滴水"、第十一卷第一节"小鞋"。

鸿篇巨制的光辉史诗
——《浮士德》

作　　者：歌德

成书年代：1831年

必读理由：关于人类精神发展的理解

　　　　　高度的艺术成就和鲜明的艺术特色

【 作者简介 】
德国和欧洲最重要的作家之一

　　约翰·沃尔夫冈·冯·歌德（1749—1832年），德国著名的小说家、诗人、剧作家、自然科学家、思想家。歌德生于法兰克福一个富裕市民家庭，他天性极其活跃，求知欲非常强盛。他把他的精神触觉伸向人类知识的各个领域，他的智慧，他的勤奋，以及他长达82个春秋的高寿，使他在不同领域里——首要是在文学创作上——都做出了巨大的贡献。

　　从1772年至1775年之间，歌德写出了大量的作品。有历史剧，有书信体小说《少年维特之烦恼》、长诗《普罗米修斯》、诗剧《浮士德》初稿等，这些作品表现作者对封建社会的不满和反抗。1775年，歌德积极进行地质学、矿物学、人体解剖学、植物学的研究，撰写出多种关于自然科学的著作。从1794年起，歌德同席勒交往，密切合作，促进了德国古典文学的繁荣。

　　歌德晚年过着隐居生活，孜孜不倦地进行创作。在生命最后几年里，终于完成历时数十年之久的两部名著：《浮士德》和《威廉·迈斯特》。

【 内容精要 】
浮士德自强不息的一生

　　魔鬼靡非斯特与上帝打赌，认为人类无法满足的追求终必导致其自身的堕落。上帝却以为尽管人类在追求中难免会犯错误，但最终能够达到真理。于是由魔鬼下到人间去诱惑浮士德。浮士德此时已是一个年过半百的老学者。他毕生都在孜孜不倦地博览群书，钻研各种学问，以求洞解自然奥秘。然而至此垂垂暮年，他才恍然悟到这些知识毫无用处，而自己处身其中的书斋实在形同牢狱，使自己与大自然隔离了。他痛苦得想要自杀，到另一世界去寻求出路。复活节的钟声唤回了他生的意志，把他引到郊外，在万物欣欣向荣的大自然和自由欢乐的人群中，他深受鼓舞。

这时，靡非斯特来到浮士德面前，同他订立契约：他甘愿作浮士德的仆人，使浮士德摆脱烦恼，感到满足，但就在感到满足的一瞬间，靡非斯特不再是奴仆，而浮士德将反为靡非斯特所用。靡非斯特带浮士德来到魔女之厨，饮下魔汤，使他变成了翩翩少年，接着用黑色外套变成一朵浮云，载着浮士德一同出去游历世界。他让浮士德经历爱情、从政、追求古典美这一系列不同的生活，并且均以失败告终。历经种种磨难和考验，在浮士德100岁双目失明时，他终于让浮士德在改造自然的事业中得到满足，喊出了一句"你真美呀，请停留一下"便死去了。按照契约，浮士德感到满足时即应归靡非斯特所用，靡非斯特正要夺走他的灵魂，这时天降玫瑰花雨，化为火焰，驱走了魔鬼靡非斯特。天使将浮士德接至天上，带进天堂。

【必读理由】
关于人类精神发展的理解

浮士德可说是一个象征性的艺术形象，歌德是将他作为全人类命运的一个化身来加以塑造的。浮士德自强不息、追求真理，经历了书斋生活、爱情生活、政治生活、追求古典美和建功立业五个阶段。这五个阶段都有现实的依据，它们高度浓缩了从文艺复兴到19世纪初期几百年间德国乃至欧洲资产阶级探索和奋斗的精神历程。

浮士德走出阴暗的书斋，走向大自然和广阔的现实人生，体现了从文艺复兴、宗教改革，直到"狂飙突进"运动，资产阶级思想觉醒、否定宗教神学、批判黑暗现实的反封建精神。浮士德与玛甘泪的爱情悲剧，则是对追求狭隘的个人幸福和享乐主义的利己哲学的反思和否定。从政的失败，表明了启蒙主义者开明君主的政治理想的虚幻性。与海伦结合的不幸结局，则宣告了以古典美对现代人进行审美教化的人道主义理想的幻灭。最终，浮士德在发动大众改造自然、创建人间乐园的宏伟事业中找到了人生的真理，从中我们不难看到 18 世纪启蒙主义者一再描绘的"理性王国"的影子，并依稀可闻 19 世纪空想社会主义者呼唤未来的声音。

浮士德的形象还有更高的哲学涵义。这主要表现在著名的"浮士德难题"以及面对这种困境所表现出来的"浮士德精神"上。歌德以深刻的辩证法意识揭示了浮士德人格中的两种矛盾冲突的因素，即"肯定"和"善"的因素同"否定"和"恶"的因素之间的复杂关系及其发展历程，更以乐观主义的态度表现了浮士德永不满足，不断地克服障碍、超越自我，"不断地向最高的存在奋勇前进"的可贵精神。

"浮士德难题"其实是人类共同的难题，它是每个人在追寻人生的价值和意义时都将无法逃避的"灵"与"肉"、自然欲求和道德灵境、个人幸福与社会责任之间的两难选择。从某种意义上说，浮士德与靡非斯特的矛盾冲突则同时也是他内心冲突的外在化体现。在与靡非斯特这"一切的障碍之父"、恶的化身结为主仆，相伴而行之后，浮士德的前途可谓危机四伏，随时皆有可能堕落为恶魔的奴隶。但是，不断追求，自强不息，勇于实践和自我否定是浮士德的主要性格特征，这使他免遭沉沦的厄运，实现了人生的价值和理想。而恶在这里却从反面发挥一种"反而常将好事做成"的推动性作用，这揭示了人类正是在同恶的斗争中克服自身的矛盾而不断取得进步的深刻道理。人总是用自己的努力和创造追求着至善至美，以求最终达到向至善至美的回归。这样，歌德实际上运用形象化的方式，表达了他对人类精神发展的全新理解。

高度的艺术成就和鲜明的艺术特色

《浮士德》不仅内容丰富，形象生动，而且有高度的艺术成就和鲜明的艺术特色，是歌德一生艺术实践的总结。

第一，具有庞大的艺术结构。诗剧包括古往今来的各种人物和各种场面，构成一幅千变万化、丰富多彩的历史画卷。为了充分表现这样的内容，歌德采用了现实主义与浪漫主义相结合的创作方法。全诗的基本精神是描写理想与现实的冲突，探索现实的出路。但是，为了突破时间与空间的限制，总结历史经验，为了驰骋诗人的想象，自由地表现精神探索的历史，诗中大胆地利用了各种虚构的、幻想的、神话的形象。诗中的某些片段，如关于封建朝廷与德国市民社会的描写，具有较大的真实性，玛甘泪悲剧即是以当时法兰克福发生的一桩溺婴案为基础而写成的。但全篇的构思却是幻想性的。诗中大量采用古代、中世纪的神话传说，具有无比丰富的想象力。浮士德的形象也是现实与幻想相结合的产物，他的精神和经历具有现实基础，但整个形象却是传奇式的虚构。因为，单纯的写实的手法，无法表现这一形象所包容的丰富而广泛的含义，德国鄙陋的现实也不可能提供这样富有诗意的理想人物，于是歌德求助于民间传说，写出一个象征性的人物。

第二，运用多种多样的诗歌体裁。近代欧洲主要有抒情诗、叙述诗和诗剧，歌德对这三种体裁都进行过艺术实践，而《浮士德》就是其艺术实践的综合与总结。剧中对这三种体裁运用自如，浑然一体，同时，为了适应诗剧丰富多彩、变化万千的内容，歌德采用了多种多样的诗歌形式。如诗剧中的开头用自由韵体，玛甘泪口中唱出一曲曲纯朴的民歌，海伦部分则运用古希腊悲剧的诗体。当时欧洲的各种诗体都在《浮士德》中出现。诗中的语言风格也变化多端，有颂扬，有嘲讽，有诙谐，有庄严，有明喻，有影射，显示了歌德高超的艺术才能。

第三，善于运用矛盾对比的方法来安排场面，配置人物。全诗以浮士德为中心，其他的人物，如靡非斯特、玛甘泪、瓦格纳、海伦等，都与他形成对比。全诗的构思中，光明与黑暗、崇高与卑劣、和谐与混乱等等常常是交替出现的。阴暗的书斋与明丽的城郊，宁静的玛甘泪闺房与狂乱的瓦普几斯之夜，魔怪逞威的神话世界和庄严清明的古代希腊等都形成矛盾对比、互相映衬的关系。

【阅读指导】

正文前面的《天堂序曲》应仔细研读，记住三条格言式的台词：一、"人只要努力，犯错误总归难免"；二、"一个善人即使在他的黑暗的冲动中，也会觉悟到正确的道路"；三、"凡人不断努力，我们才能济度"。这就是在歌德看来，浮士德战胜种种诱惑之后终于获得拯救的关键。把这三条格言同主人公的行动过程联系起来，《浮士德》就绝不只是一般告诫世人勿以宝贵灵魂换取廉价欢乐的浅薄寓言。

批判现实主义的丰碑
——《复活》

作　　者：列夫·托尔斯泰

成书年代：1899年

必读理由："复活"——人性由失落到复归的过程

　　　　　深刻而强烈的批判性

【作者简介】

俄国最伟大的作家

　　列夫·尼古拉耶维奇·托尔斯泰（1828—1910年）出生于名门贵族，年轻时在大学受到卢梭、孟德斯鸠等启蒙思想家影响。离开大学后，成为青年地主的托尔斯泰曾力图改善农民的生活，但却不被农民所理解。19世纪50年代，托尔斯泰在高加索入伍期间开始了文学创作。托尔斯泰退役回到家乡后，曾为农民子弟办学，后因沙皇政府干预，学校夭折。19世纪60—70年代，托尔斯泰先后完成了长篇小说《战争与和平》和《安娜·卡列尼娜》，这两部作品为他赢得了世界一流作家的声誉。19世纪70年代末80年代初，托尔斯泰经历了一场世界观的激变。他否定了贵族阶级的生活，站到了宗法农民的一边。这时，他不仅在生活方式上发生了很大变化，而且力求使自己的作品能为普通的农民所接受。他写了不少民间故事和"人民戏剧"，也写出了一些优秀的小说，其中有著名长篇小说《复活》等。

　　托尔斯泰是19世纪伟大的批判现实主义的杰出代表，俄国最伟大的作家。他以自己有力的笔触和卓越的艺术技巧，辛勤创作了"世界文学中第一流的作品"。

【内容精要】

一个"忏悔贵族"精神上和道德上的复活

　　聂赫留道夫公爵是莫斯科地方法院的陪审员。一次，他参加审理两个旅店侍役假手一个妓女谋财害命的案件。不料，从妓女玛丝洛娃具有特色的眼神中，认出她原来是他青年时代热恋过的卡秋莎。于是10年前的往事一幕幕展现在聂赫留道夫眼前。他意识到自己的罪过，良心受到谴责。在审讯过程中，法官们只忙于自己的私事，对案件审理却心不在焉，空发议论，结果错判玛丝洛娃流放西伯利亚服苦役4年。聂赫留道夫看到玛丝洛娃被宣判后失声痛哭、大呼冤枉的惨状，回到家中他开始反省，进行"灵魂净化"，发现他自己和周围的人都是"又可耻，又可憎"，他决定改变自己全部的生活。为了良心的安宁，他决心营救玛丝洛娃，于是找庭长、律师设法补救，律师告诉他应该上诉。为了上诉，聂赫留道夫分散土地，奔走于彼得堡上层。

小说通过聂赫留道夫的经历和见闻，展示从城市到农村的社会阴暗面，对政府、法庭、监狱、教会、土地私有制和资本主义制度作了深刻的批判。

【必读理由】
"复活"——人性由失落到复归的过程

男主人公聂赫留道夫是一个"忏悔性的贵族"形象，他的思想和性格的发展经历了三个阶段。

第一阶段，纯洁善良、追求理想。这时，他健康、真诚、充实、崇高，乐于为一切美好的事业而献身。他信奉斯宾塞"正义不容许土地私有"的理论，把继承自父亲的土地送给了农民。他真诚地爱着姑母家的半养女半婢女的玛丝洛娃。当时，聂赫留道夫内心迸发出来的对玛丝洛娃的爱情，具有一种纯洁的和富有诗意的特点。

第二阶段，放纵情欲、走向堕落。受习惯观念以及违背真与美原则的那种日常生活榜样的影响，聂赫留道夫变得猥琐、低下、空虚和渺小。按作家的说法，这是"动物的人"压倒了"精神的人"的阶段。托翁在作品中还较为充分地展示了主人公灵魂深处两种矛盾感情的冲突，强调了生活中"通行的"和"习惯的"东西对他的影响。当他厌恶自己的不洁欲望时，"应该像大家那样去做才对"的声音很快压倒了那点善良的念头，于是，很自然地滑下了堕落的泥潭。

第三阶段，从忏悔走向复活。法庭上，聂赫留道夫和玛丝洛娃不期而遇，他心灵上受到了强烈的震撼，沉睡在心灵深处的"精神的人"开始苏醒。他认清了自己虚伪可耻的面目，决心悔过自新。他为玛丝洛娃四处奔走，还按照"真理的原则"处理家庭财产，最后在上帝那里找到了灵魂的归宿。这时，按照作家的观点，是"精神的人"战胜了"动物的人"的阶段。聂赫留道夫走向了灵魂的"复活"。

聂赫留道夫由忏悔走向复活的过程，就是人性由失落到复归的过程，也就是改恶从善、善战胜恶、道德自我完善的过程。

纵观托翁一生的艺术创作及思想求索历程，可以发现，他早年就已经注意到了俄国社会的一个重要问题——地主和农民之间的不可调和的矛盾和对立，并孜孜不倦地探索解决这一社会问题的出路。他企图通过贵族的"平民化"，实现他的道德上的弃恶扬善，从而缓和社会矛盾，为此他赋予了爱以神秘的力量。晚年时期创作的《复活》是托翁一生思想探索的总结，"永远宽恕一切人"，"道德上自我完善"，趋善避恶或者改恶从善，就可以消除社会弊病，"天国社会"就会在人间建立起来，这便是托尔斯泰奉献给全社会的苦口良药。这种想法虽然有不足和局限，但还是具有一定的教育意义。

此外，"复活"在女主人公玛丝洛娃的身上也有体现。玛丝洛娃是一个被侮辱、被损害的平民妇女，原本天真、善良，曾与聂赫留道夫产生了纯洁的感情。但自从被欺骗和抛弃后，她便再也不相信任何人，不相信善，并且在孤苦无依的情况下，沦落为妓女。她开始抽烟、喝酒，由一个善良、纯洁的少女变得麻木、病态，之后又蒙受不白之冤，流放西伯利亚，成为罪恶社会的牺牲品。聂赫留道夫的真诚忏悔和深切关怀，使她的精神状态慢慢发生了变化，她开始憎恶自己的堕落，一个正常的、真正的人的感情在她身上逐渐复苏。同时，在流放西伯利亚途中，政治犯西蒙松的高贵品质感染了她。最后，已爱上聂赫留道夫的玛丝洛娃为了他的幸福而拒绝了他的求爱，与政治犯西蒙松结合，走向新生。

深刻而强烈的批判性

《复活》显示了托尔斯泰"撕下一切假面具"的决心和彻底暴露旧世界的批判激情。作者让主人公聂赫留道夫周旋于统治阶级最上层，发现原来掌握生杀大权、制定法律的人才是真正的罪魁祸首，醒悟到"人吃人并不是从森林里开始的，而是从各部、各委员会、各政府衙门里开始的"。聂赫留道夫奔走在贫苦人民最底层，看到农民挣扎在饥饿线上，他认识到"农民贫困的主要原因是和白昼一样的明显，也就是唯一能够养活他们的土地，都被地主从他们手里夺去了"。

小说淋漓尽致地描绘出一幅幅沙俄社会的真实图景：草菅人命的法庭和监禁无辜百姓的牢狱、金碧辉煌的教堂和褴褛憔悴的犯人、荒芜破产的农村和豪华奢侈的京都、茫茫的西伯利亚和手铐脚镣的政治犯。小说对沙俄的法律、法庭、监狱以及整个国家机器和官方教会，都给予了无情的抨击。为此，托尔斯泰遭到沙俄当局和教会的迫害，还被革除教籍。

【 阅读指导 】

小说《复活》中有着极多的人物心理描写，被称作托尔斯泰的"心灵辩证法"。我们在阅读时应该认真研读这些对人物的心理变化描写得丝丝入扣的内容，这样才能更好地把握人物形象，更深地理解这部小说的思想内涵。

"东方圣人"的经典之作
——《吉檀迦利》

作　　者：泰戈尔

成书年代：1910年

必读理由：东方诗歌的艺术魅力

【 作者简介 】

具有世界影响力的东方作家

拉宾德拉纳特·泰戈尔（1861—1941年），生于印度加尔各答市的一个富有哲学和文学艺术修养的家庭，13岁即能创作长诗和颂歌体诗集。曾赴英国学习文学和音乐，10余次周游列国，与罗曼·罗兰、爱因斯坦等大批世界名人多有交往，毕生致力于东西方文明的交流和协调。泰戈尔以诗人著称，创作了《吉檀迦利》等50多部诗集，被称为"诗圣"。他又是著名的小说家、剧作家、作曲家和画家，先后完成12部中、长篇小说，100多篇短篇小说，20多部剧本，1500多幅画和2000多首歌曲。天才的泰戈尔还是一位哲学家、教育家和社会活动家。1913年，泰戈尔以诗歌集《吉檀迦利》荣获诺贝尔文学奖。

他一生为印度和世界留下了丰富而瑰丽的文学和艺术遗产。

【 内容精要 】

内涵丰富的生命之歌

《吉檀迦利》是最能代表泰戈尔思想观念和艺术风格的作品。这部宗教抒情诗集，共收诗103首，诗集题名为"吉檀迦利"，意为"献诗"，即献给神的诗篇。诗篇中有歌颂印度悠久的文化艺术、雄伟山川和美好风光的，有表达向往光明自由和不畏专横暴虐的，有描绘真挚爱情、叙述童心和母爱的，有概括生活哲理的等，反映了诗人希望通过与神交流来认识人生的目的。

诗集的风格清新自然，带着泥土的芬芳。泰戈尔向神敬献的歌是"生命之歌"，他以轻快、欢畅的笔调歌唱生命的枯荣、现实生活的欢乐和悲哀，表达了其对祖国前途的关怀，对人民的关爱。诗集发表之后，引起了全世界的轰动，受到各国人民的一致好评。

【必读理由】

东方诗歌的艺术魅力

这部诗集妙语连珠，处处充满着奇思妙想，而且旋律优美，处处体现出东方诗歌的独特魅力。泰戈尔的诗歌不同于西方浪漫主义直抒胸臆和现实主义客观白描的惯用手法，往往用东方式的象征主义的手法，将抽象的意念和内心世界的变化，借具体物象来暗示或显现。如春天、雨季、夜晚、阳光、白昼、天空等，都是诗人常用的意象。

泰戈尔特别强调运用象征主义的艺术表现形式。他赋予季节时辰、日月星辰、神妖动物、花草树木以及抽象概念以人性，构成寓言式的艺术氛围。比如《吉檀迦利》第5首中"今天，夏天来到我的窗口，气喘吁吁"，第7首中"我的歌儿舍弃了她的全部首饰，她没有衣饰的傲气"，写出了朴素动人的哲理。

诗人通过对天地万物的拟人化，表达人生体验，倾诉情感。如《吉檀迦利》第67首讲道："你是天空，你也是窝巢。/呵，美丽的你，在窝巢里就是你的爱，用颜色、声音和香气来围拥住灵魂。/在那里，清晨来了，右手提着金筐，带着美的花环，静静地替大地加冕。/在那里，黄昏来了，越过无人畜牧的荒林，穿过车马绝迹的小径，在她的金瓶里带着安静的西方海上和平的凉飙。/但是在那里，纯白的光辉，统治着伸展着的为灵魂翱翔的无际的天空。在那里无昼无夜，无形无色，而且永远，永远无有言说。"

第48首讲道："清晨的静海，漾起鸟语的微波；路旁的繁花，争妍斗艳"，"云隙中散射出灿烂的金光"，"太阳升到中天，鸽子在凉阴中叫唤。枯叶在正午的炎风中飞舞。牧童在榕树下做他的倦梦，我在水边卧下，在草地上展布我困乏的四肢。/我的同伴们嘲笑我；他们抬头疾走；他们不回顾也不休息；他们消失在远远的碧霭之中。他们穿过许多山林，经过生疏遥远的地方。长途上的英雄队伍呵，光荣是属于你们的！讥笑和责备要促我起立，但我却没有反应。我甘心没落在乐受的耻辱的深处——在模糊的快乐阴影之中。/阳光织成的绿荫的幽静，慢慢地笼罩着我的心。我忘记了旅行的目的，我无抵抗地把我的心灵交给阴影与歌曲的迷宫。"

这些句子不但给人以美的享受，更能给读者带来明快的哲思和智慧。西方读者从泰戈尔的诗中更是感受到一种东方诗歌独有的艺术魅力。美国的意象派诗人庞德在读到《吉檀迦利》时感叹说："集子中的100首诗全都可以演唱。曲调和歌词浑然一体。看来，东方的音乐远比我们的音乐更善于做到这一点……值得一提的最易懂的东西是即兴的光辉的短句。有时在'晨曦用右手拎着金灿灿的篮子'里，我们像是看到了古希腊人……这种深邃的宁静的精神压倒了一切。我们突然发现了自己的新希腊。像是平稳感回到文艺复兴以前的欧洲一样，它使我感到，一个寂静的感觉来到我们机械的轰鸣声中。"

【阅读指导】

《吉檀迦利》的语言非常优美，精炼、含蓄且富有跳跃性，所以我们要用心品味。由于这些诗歌具有音乐美和节奏美，富有优雅清新的情韵，特别适合朗读，因此我们还应该反复朗读吟诵。精美的诗歌只有背下来反复吟咏，才能品出它的美妙。

阅读这本诗集时还要展开想象的翅膀，进行丰富的联想，使诗歌中所描绘的形象在头脑中形成一幅色彩鲜明的图画，这样才能更好地感悟诗歌的形象美和意境美。

中国现代散文中的一座高峰
——《野草》

作　者：鲁迅

成书年代：1927年

必读理由：最能凸显鲁迅精神历程的作品

　　　　　中国现代象征主义散文中的一座高峰

【作者简介】
新文学运动的奠基人

　　鲁迅（1881—1936年），原名周树人，字豫才，中国现代伟大的文学家、思想家和革命家，新文学运动的奠基人。鲁迅出身于破落封建家庭，他1902年去日本留学，原在仙台医学院学医，后从事文艺工作，希望用以改变国民精神。

　　1918年5月，他首次用"鲁迅"的笔名，发表中国现代文学史上第一篇白话小说《狂人日记》，奠定了新文学运动的基石。五四运动前后，参加《新青年》杂志工作，成为"五四"新文化运动的主将。

　　1918年到1926年间，陆续创作出版了小说集《呐喊》、《彷徨》、论文集《坟》、散文诗集《野草》、散文集《朝花夕拾》、杂文集《热风》、《华盖集》、《华盖集续编》等专集。

　　从1927年到1936年，创作了历史小说集《故事新编》中的大部分作品和大量的杂文。1936年10月19日因肺结核病逝于上海，上万名民众自发为其举行公祭、送葬。

【内容精要】
鲁迅的全部哲学

　　《野草》收录了鲁迅所写散文诗23篇，最初发表于 1924年至1927年间的《语丝》周刊上，1927年北京北新书局初版，书前有《题辞》一篇。鲁迅写作

《野草》旨在向主观内面深掘，决心自食，借以坦露不为人知的灵魂，渴望摆脱精神困境，走向新生。这是鲁迅潜伏期间真实心境的流露，代表着鲁迅真实的内心世界。

由于《野草》采用了大量的象征、隐喻，加上大多数篇章都是针对不同缘由而各自独立写成的"小感触"，写作时间又拉得比较长，就很难说有一个统一不变的主题，可以成为笼罩全书支配性的命题，所以《野草》是鲁迅最难被读懂的一部作品。

鲁迅曾说他的全部哲学都在《野草》里面，以此为据，对《野草》的内容归纳为以下几个方面：

第一，反抗绝望的生命哲学。

在《过客》中，鲁迅表达了对人生的理想的执着追求：即使前方是"坟"，我们仍要"前行"；即使生活表现为一种悲观的、荒诞的存在方式，我们也要"绝望地抗战"。

《这样的战士》中塑造了一个即使面对的是"无物之阵"，"但无物之物则是胜者"，"仍然举起了投枪"的战士形象，这即是"反抗绝望"的典型形象。

在《复仇》中，鲁迅表现了先觉者对麻木的庸众的"绝望"，进而"绝望"地"复仇"（反抗），"以死人似的眼光，赏鉴这路人们的干枯，无血的大戮……"让看客们无戏可看，这是对麻木的看客们的反抗。

鲁迅屡屡告诫人们，在人生的种种困境中，只有"绝望的反抗"才能"反抗绝望"。

第二，冷峻的自我剖析。

《影的告别》表现了两种不同的存在方式的决裂，从而各自固守自己的存在方式。其中，既表现了坚持实有的人生、反对空幻的未来的思想；又表现了宁愿死去、也不愿苟活于明暗之间的立场；以及宁愿自我牺牲，也不愿连累、"毒害"他人的生存哲学。

这种冷峻的自我剖析，在《风筝》、《希望》和《墓碣文》等文中也有所体现。

第三，对一切价值的重估。

在《风筝》一文中，"我"回忆了自己早年对儿童天性的一种扼杀。这里，鲁迅不仅表现了其对"我"当时思想言行的自责和反省；在"弟弟"至今的"全然忘却"中，还看到了周围的人的思想的麻木。"我"真正想得到的，不是对方口头上的宽恕，而是思想上、心灵上的共鸣。

《秋夜》中暗含了对盲目行动的小青虫、做着幻梦的小粉红花的否定。《聪明人和傻子和奴才》和《立论》两文对奴性的骑墙主义进行了批判，同时揭示了"实干家"的尴尬处境和悲剧人生。《狗的驳诘》在人与狗的传统形象的对换中，对市侩主义哲学进行了辛辣的反讽。《失掉的好地狱》对某种"人类"的思维方式和行为规范提出了质疑和否定。《淡淡的血痕中》对统治者及其治下的庸众（良民）和叛逆者在历史进程中扮演的角色及其行为和行为后果进行了重新定位，并热情疾呼"叛逆的猛士出于人间"。

第四，独立的精神。

《秋夜》中的两棵分别挺立的枣树，《求乞者》中宁可以"沉默"和"无所为"来面对尘世的虚伪的"我"，都突出地表现了一种人格的独立。《失掉的好地狱》中曼陀罗花的存在也是一种独立自由的象征。

总的来看，在《题辞》中，对以上四种内容倾向都有了较为深刻充分的体现。对"过去的生命"的肯定，即是一种对"逝去"的生命的重估；对野草生存状态和生长过程的评价，即是对"自我"的剖析，又暗含着对自我的定位。鲁迅在文中表达的鲜明的爱憎，坦然欣然的心态，自有一种天马行空的独立精神。而鲁迅以"野草"为自己作证，盼望"地火"到来，也流露出了他的"反抗绝望"的情绪。

【必读理由】

最能凸显鲁迅精神历程的作品

在鲁迅的作品中，最能凸现其精神历程的应该是散文诗集《野草》。24篇短文，其实就是经过压缩的思想，把这些思想展开、还原、放大，便可以在鲁迅其他的作品中，找到《野草》的思想痕迹。可以说，鲁迅的精神资源全部都在《野草》里了。

《秋夜》表达的是他"知其不可为而为之"的思想。"这上面的夜的天空，奇怪而高，我生平没有见过这样的奇怪的天空"，这是黑暗的势力，是冲破阻力、达到目标必须直面的人生事实。枣树是现世中的抗争力量，它只有不折、不屈的斗争，但并不知道最后能否取得成功。《过客》一文中所写的身着黑衣的"过客"，明知前面是黄昏，明知夜色越来越浓，明知前面是坟，是丛葬,但仍要昂然走过去,这实际上象征了鲁迅本人明知前路无望但仍努力向前走的勇敢精神,表现了鲁迅反抗黑暗、反抗绝望的战士精神。《这样的战士》中的"无物之阵",是鲁迅对国情的一个相当深刻的发现与概括。鲁迅认为,这种"无物之阵"是敌人(反对者)的一个策略、手段,所以他笔下的战士走进"无物之阵"时,"所遇的都对他一式点头。他知道这点头就是敌人的武器,是杀人不见血的武器。"所以,战士"举起了投枪",不顾一切"偏侧一掷",一切都"颓然倒地;——然而只有一件外套,其中无物。无物之物已经脱走。"这一篇文章实际上反映了鲁迅战士角色的自我定位。"战士"身份是鲁迅之为鲁迅的重要因素之一。他一生中大小笔战无数,为白话文而战,为新文学而战,与现代评论派战,与学衡派战等等,他抗争的对象不是人,而是文化意识形态,一种无形的力量。鲁迅是个实际存在的人,却要和文化这种无形的力量斗争,何其难也!然而,他不顾一切地"举起了投枪"!

所以说,《野草》是心灵的炼狱中熔铸的鲁迅诗,是从"孤独的个体"存在体验中升华出来的鲁迅哲学。

鲁迅对朋友说过,他的哲学都在《野草》里。所以,《野草》露出了鲁迅灵魂的"真"与"深",相对真实、深入地揭示了鲁迅所走过的心路历程。《野草》也就成为我们接近鲁迅个人生命的最好途径,成为我们窥见鲁迅灵魂的最好窗口。

中国现代象征主义散文中的一座高峰

作为一部灵魂书,《野草》开辟的境界,在中国的精神史和文学史上,堪称"前无古人,后无来者";即使置于同时产生的如艾略特的《荒原》等西方现代文学经典之列,一样卓然不凡。

更重要的是,在艺术形式上,《野草》创造了一种特异的"独语"式的抒情、哲思散文,不仅是鲁迅著作中,也是中外文学史上最为殊异的文本。

《野草》中的24篇作品,并不能说都是象征主义作品,但就其大多数来讲,就其整体艺术追求而言,它是一部运用象征主义方法创造的杰作。《野草》最大限度地发挥创造者的艺术想象力,借助联想、象征、变形……以及神话、传说、传统意象……创造出一个全新的艺术世界。于是,在《野草》里,鲁迅的笔下,涌出了梦的朦胧、沉重与奇诡,鬼魂的阴森与神秘,奇幻的场景，荒诞的情节，不可确定的模糊意念，难以理喻的反常感觉，瑰丽、冷艳的色彩，奇突的想象，浓郁的诗情……

《野草》充满了奇峻的变异，甚至语言也是日常生活用语的变异，集华丽与艰涩于一身。文体自身也发生了变异：《野草》明显地表现了散文的诗化、小说化（《颓败线的颤动》）、戏剧化（《过客》）的倾向。

由此可见，在《野草》中，鲁迅创造新的现代散文的文体意识，是非常自觉的。鲁迅自觉而不留痕迹地借鉴西方散文的艺术方法，吸收中国寓言或短小散文传统的营养，不仅使他的这本薄薄的《野草》，成为中国现代散文的开山性的珍贵果实，成为世界文学宝库中的一个艺术珍品，也成为迄今为止中国现代象征主义散文中一座难以超越的"喜马拉雅山"式的高峰。

【 阅读指导 】

《题辞》是理解《野草》全部作品的纲，这部分应该好好解读。

解读《野草》文本应和解读鲁迅的人生经历以及他的其他作品为一体，这实际上是把鲁迅作品作为一个系统来解读，以鲁解鲁，这样就把整体观照和细部解析结合起来。

此外，因为《野草》是抒情和哲理相结合的散文诗，阅读时也应把生命感悟与理性思辨结合起来，达到情理兼顾。

中国特殊时代的一面镜子
——《家》

作　　者：巴金

成书年代：1933年

必读理由：一系列性格鲜明、具有典型意义的人物形象

　　　　　在艺术上有着突出的成就和特色

【作者简介】

具有人格力量的作家

　　巴金（1904—2005年），原名李尧棠，字芾甘，生于四川成都一个官僚地主家庭。五四运动后，巴金受新思潮影响，积极参加反封建社会活动。1927年赴法留学，并直接参与无政府主义运动。政治活动的失败与理想的失落，使巴金陷入痛苦与矛盾中，转而以文学创作宣泄情感。

　　1929年初，他以"巴金"为笔名发表第一部小说《灭亡》。被人们认识以后，以自己的光和热，逐渐成为中国文坛的领军人。巴金的财富，是他26卷本的不朽著作和10卷本的精彩译著。巴金的财富，更是他高尚的精神境界和完美的人格力量。

　　其主要作品有小说"激流三部曲"（《家》、《春》、《秋》）、"爱情三部曲"（《雾》、《雨》、《电》）、"抗战三部曲"（《火》三部）及《憩园》、《第四病室》、《寒夜》等，散文集《随想录》(包括《随想录》、《探索集》、《真话集》、《病中集》、《无题集》等五个分册)。其中《家》是巴金的代表作，也是我国现代文学史上最卓越的作品之一。巴金小说所创造的"青年世界"是20世纪30年代文学艺术画廊中最具有吸引力的一部分，巴金也因此为扩大现代文学的影响做出了不可替代的卓越贡献。

【内容精要】

对封建大家庭的控诉和批判

长篇小说《家》以20年代初期中国内地城市四川成都为背景，真实地写出了高家这个很有代表性的封建大家庭腐烂、溃败的历史。

作品中的高家是中国封建社会和家族制度的缩影。从表面看，高家"一家人读书知礼、事事如意"，家庭内部尊卑有序，礼法森严；但实际上，在这个大家族中处处都充满着激烈的尔虞我诈和钩心斗角。为了争夺家产，陈姨太、克安、克定等打着维护家族荣誉和高老太爷的招牌，要尽了花招。他们先是闹"鬼"，吓死了老太爷，接着又闹"避血光"，害死了瑞珏；他们很清楚是军阀混战导致商场被毁，但却硬逼觉新赔偿股票的损失，并且在老太爷尸骨未寒时大闹分家。除此之外，这个封建大家庭挥霍奢侈的寄生生活，还造就了一代整日只会挥霍无度，过着穷奢极欲糜烂生活的"败家子"，这在高家"克"字辈人物身上显得尤为突出。

作品在揭露这个封建家庭罪恶的同时，还侧重表现了封建制度、封建礼教对青年一代的摧残和迫害。觉新和梅本是青梅竹马、真诚相爱的一对恋人，只是因为双方母亲在牌桌上有了磨擦，就儿戏般地拆散了这对情侣，使梅在痛苦的折磨中悲哀寂寞地离开了人间。瑞珏是在陈姨太之流闹"血光之灾"的邪说中丧命的，她和梅一样，也是封建礼教的牺牲品。被封建礼教摧残的除了梅和瑞珏外，还有在高家做丫头的鸣凤、婉儿等。

作品还表现了以觉慧为代表的一代觉醒了的青年同这个罪恶家族的斗争。这些青年受"五四"反封建巨浪的影响，一方面在社会上积极参加宣传革命思想的学生运动，一方面在家庭内部和封建势力、封建礼教展开勇猛的战斗，最后，他们真正敲响了这个封建大家庭的丧钟。

【必读理由】

一系列性格鲜明、具有典型意义的人物形象

《家》塑造了多种多样的人物，有专横独断、荒淫无耻的高老太爷和冯乐山，有闲懒堕落的高克定、高克安，有道貌岸然、一心支撑着这个家庭的高克明，也有庸俗、虚伪、专事明争暗斗的陈姨太，等等。

觉新是作品中最重要的一个人物，也是塑造得最成功的人物。他性格上

充满了矛盾，是个"有两重人格的人"。觉新善良，待人诚恳，原是旧制度培养出来的有较强传统观念的人。他处于长房长孙的位置，因此，为维护这个四世同堂大家庭的"和平共处"，他凡事采取"不抵抗主义"，逆来顺受，委曲求全。他爱表妹梅，但当这段美好的恋情被长辈无理地扼杀后，他并不反抗。对父亲为他与李家订的亲事，也表示顺从，只是回房蒙头大哭一场，然后与瑞珏完了婚。祖父死后，陈姨太无端以"血光之灾"为由，不许瑞珏在家里生小孩。觉新虽然觉得这有如"晴天霹雳"，但还是接受了，将瑞珏送到城外荒郊的茅屋中，结果照顾不周，妻子难产而死。

觉新身上虽然有着很严重的旧观念的束缚，但他又是个接受了新思想熏染的人，因此，在他心中，善恶是非是有着清楚的界限的。他也有过美好的向往，与表妹梅的相恋就是他对爱情的追求；同时，他也同情受压制的青年，如暗中帮助觉民逃婚，帮助觉慧离家出走等。

总之，觉新是一个有着"双重性格"的悲剧人物。他性格中的这种矛盾性，真实地反映出了当时某些时代特征。作者通过塑造这一典型人物，批评了"不抵抗主义"，指明对于封建旧制度、旧观念，反抗才是避免悲剧的惟一出路。

觉慧是大胆而幼稚的叛逆者的形象。"五四"新思潮给了他民主主义、人道主义的思想武器，这使他逐渐认清了封建家庭的黑暗、腐朽以及罪恶。正因为如此，他积极投身学生运动，热心办刊物，宣传进步思想。在家中，他有正义感，同情下层人物，勇于反对封建束缚。在婚姻问题上，他敢于冲破封建等级观念，毅然和丫头鸣凤相爱，同时积极支持觉民抗拒包办婚姻。对于长辈们装神弄鬼等迷信行为，他也敢于大胆反抗。最后，他义无反顾地走出了家庭。

作者对觉慧的塑造完全是忠实于生活的，这样使得觉慧性格中除了有大胆叛逆的一面，也有单纯幼稚的一面。这主要表现在他对周围的一切（包括"家"）虽然愤恨，但还不能作出完全科学的分析，有时感到"这旧家庭里面的一切简直是一个复杂的结，他这直率的热烈的心是无法把它解开的"。他与鸣凤相爱，又经常处于矛盾中，下不了最后决心。最后，只是因鸣凤被逼投水自杀，这段爱情突然失去了，他才感到莫大的震动。他虽然恨高老太爷，认为在家中他与祖父"像两个敌人"，但在高老太爷临终时，他又曾有过"现在的确是太迟了。他们将永远怀着隔膜，怀着祖孙两代的隔膜而分别了"的想法。

尽管觉慧身上有着明显的幼稚，但他却真实地反映出了"五四"时期我国觉醒了的一代青年人的某些精神面貌。

《家》还重点描写了几个有着不幸遭遇的女子形象——梅、鸣凤和瑞珏。这三个女子虽然性格不同——梅悒郁，瑞珏贤惠，鸣凤善良却柔中有刚，社会地位也不同，但她们的悲剧结局却是相同的。作品通过对这几位女子悲剧遭际的描写，进一步控诉了封建礼教以及封建道德对弱小、无辜、善良的人们的迫害，强化了全书主旨。

在艺术上有着突出的成就和特色

首先，在人物塑造上，这部小说非常善于通过细致入微地刻画人物心理，展示人物丰富复杂的内心世界，从而突出人物性格。

如作品写鸣凤投湖时的心理，就非常细腻，是全书极感人的篇章。作者将一位年仅17岁的少女在即将走向生命尽头时的痛苦、惘然、哀怨、挣扎以及最终的绝望，一层层真实细致地剖示出来，使读者从这位被凌辱的少女身上，看到旧制度摧残人性的罪恶，看到这位弱小者生命的宁折不弯。又如，作品写觉慧在鸣凤死后的内心也极细致，作者还利用梦幻来剖示人物内心的隐秘，笔墨中透露出人物内心极度的悲哀与懊悔。

除此之外，作品在塑造梅、觉新等人物时，也非常注重采用细腻的心理描写方法来刻画人物。比如正是由于作品细致地写出了梅的内心，才使梅多愁善感的性格得以淋漓尽致地表现出来。觉新是一位有着"两重人格的人"，作品多处细致地剖析他的内心，表现了他内心深处因受新思想的启发，对现实不满，但又因为受旧思想的羁绊而最终不能或无力抗争的苦闷、矛盾，使人物复杂的性格得以凸现。

其次，小说在结构上也很有特色。

一般说来，一部作品所描写的人物多、事件多，就需要作家有精心组织结构的能力。这部小说，全书描写的人物多达70人左右，所写的事件也相当多，如闹学潮、梅与觉新的感情悲剧、鸣凤之死、觉民逃婚、瑞珏惨死等诸多事件，但因为作者采用了单纯明快地讲故事的结构方式，以事件为线索，以场面串联故事，便巧妙地把高家内外的各种人物、各种矛盾纠葛，同祖孙两代矛盾冲突这条主线交织成一体，环绕作品的主题思想，有条不紊地分别展开，使作品故事情节波澜起伏，跌宕有致，却始终保持着庞大而紧凑、严密而不游离于主要情节的结构特点。

再次，作品在语言上也独具魅力。

巴金的作品一向语言简洁生动，流畅奔放，具有浓烈的感情色彩。《家》在语言上也同样体现着巴金作品的独特风格。在这部作品中，作者无论是写人，还是叙事，抑或是剖析人物心理，都是带着浓郁的感情色彩，这就使读者在领略人物命运时，一同体味到了作者的喜怒哀乐，使作品具有了格外感人的情感力量。

【 阅读指导 】

《家》是一部思想相当深刻的现实主义力作，它在叙述一个如此庞大的封建家庭衰败的历史，刻画如此众多的人物形象的同时，也为我们展开了大幅的封建家庭的生活图画，所以我们在阅读时不仅要注重人物形象的分析，还应注重品味小说中的环境描写。

"京味"十足的现实小说
——《骆驼祥子》

作　　者：老舍

成书年代：1936年

必读理由：命运悲剧背后的深刻内涵

　　　　　艺术方面的成功

【 作者简介 】

人民艺术家

　　老舍（1899—1966年），中国现当代作家。原名舒庆春，字舍予，另有笔名絮青、鸿来、非我等。北京满族人。老舍出生于一个贫民家庭，1918年北京师范学校毕业后，任小学校长和中学教员。1924年赴英国任伦敦大学东方学院汉语讲师，期间阅读了大量英文作品，并从事小说创作。

　　老舍一生写了约计800万字的作品，主要著作有：长篇小说《老张的哲学》、《赵子曰》、《二马》、《猫城记》、《离婚》、《牛天赐传》、《文博士》、《骆驼祥子》、《火葬》、《四世同堂》、《鼓书艺人》、《正红旗下》（未完），中篇小说《月牙儿》、《我这一辈子》，短篇小说集《赶集》、《樱海集》、《蛤藻集》、《火车集》、《贫血集》，剧本《龙须沟》、《茶馆》。另有《老舍剧作全集》、《老舍散文集》、《老舍诗选》、《老舍文艺评论集》和《老舍文集》等。老舍还因创作优秀话剧《龙须沟》，而被授予"人民艺术家"称号。

【 内容精要 】

一个人力车夫的悲剧故事

　　《骆驼祥子》讲述的是旧中国北平城里一个人力车夫祥子的悲剧故事。祥子来自乡下，日益凋敝衰败的农村使他无法生存下去，便来到城市，渴望以自己的诚实劳动,创立新的生活。他试过各种工作,最后选中拉洋车。这一职业选择表明,祥子尽管离开了土地,但其思维方式仍然是农民式的。他习惯于个体劳动,同时又渴望有一辆像土地那样靠得住的车。买车,做个独立的劳动者,"这是他的志愿,希望,甚至是宗教"。城市似乎给了祥子实现志愿的机遇,经过3年奋斗,他买上了车。但不到半年,车就被人抢去了。但祥子不肯放弃拥有自己的一辆车的梦想。尽管他对自己的追求不无怀疑,几度动摇,但仍然不断振作起来,再度奋斗。应该说,祥子以坚韧的性格和执拗的态度与生活展开搏斗,构成了小说的主要情节内容。而搏斗的结局,是以祥子的失败告终的,他终于未能做成拥有自己的一辆车的梦。这部小说的现实主义深刻性在于,它不仅描写了严酷的生活环境对祥子的物质剥夺,而且还刻画了祥子在生活理想被毁坏后的精神堕落。"他没了心,他的心被人家摘去了。"一个勤劳善良的农村青年,就这样被黑暗的社会改塑为一个行尸走肉般的无业游民。

【必读理由】

命运悲剧背后的深刻内涵

老舍自称《骆驼祥子》是他的"重头戏"。《骆驼祥子》的主要艺术成就在于它的人物典型形象的成功塑造,其中尤其以主人公祥子的形象最为突出。

祥子的不幸命运是依照"精进向上——不甘失败——自甘堕落"三部曲展开的。在小说开头,祥子初到北平,怀着寻求新的生路的希望,开始了他的个人奋斗史。他年轻力壮,善良正直,乐于帮助与他命运相同的人。他坚忍顽强,风里雨里地咬牙,追求自己的生活目标,用孤苦的挣扎编织着美丽的梦想。但是不久他即连遭厄运。他想拥有自己的一辆车的梦想总是那么遥远,而他如避瘟神的虎妞却牢牢地控制了他。尽管如此,面对失败他依然作了一定程度的反抗,不改自己做一个独立的劳动者的初衷,不愿意在老婆手里讨饭吃。但是这样的日子也过不了多久,虎妞因为难产而死,祥子只得卖掉车子来料理丧事。此生不再有买车的希望,但是他还有意中人小福子。可是当他得知小福子也已经不在人世的时候,祥子终于不堪这最后的沉重一击,向着命运的深渊沉沉地堕落下去。长久以来潜藏内心的劣性全都发作,他开始吃喝嫖赌,打架占便宜,而原来作为立身之本的拉车,却令他讨厌了。残酷的现实扭曲了他的性格,把一个曾经有着顽强生存能力的人变成了一堆行尸走肉。祥子的悲剧,真实地展现了那个黑暗社会的生活面目，控诉了旧社会活生生把人"变"成鬼的罪恶，表达了作者对劳动人民的深切同情，批判了自私狭隘的个人主义，也揭示了个人奋斗不能使劳动人民摆脱贫困、改变境遇的主题。

艺术方面的成功

除了人物形象方面的成就，这部小说的语言也达到了很高的成就。老舍创造性地运用北京口语，并融化狄更斯、契诃夫、莫泊桑等外国小说家幽默而洗练的语言风格，形成了他自己的"斯文"而"雅谑"的京味：平易而不粗俗，精致而不雕琢。这就是他被人们尊为"语言大师"的原因。

《骆驼祥子》全书充满了北京地区的生活风光，不少描写点染出一幅幅色彩鲜明的北京风俗画和世态画。故事的结局低沉，弥漫着一种阴郁绝望的气氛。这一方面表现了那个时代的悲惨气氛，加强了对于当时社会的批判力量；另一方面也反映出老舍在认识了旧社会黑暗势力的强大和个人奋斗的无能为力以后，还未找到劳动人民自我解放的正确道路的情况下所产生的彷徨苦闷的心情。老舍十分熟悉作品所描写的各种人物，他用一种朴素的叙述笔调，生动的北京口语，简洁有力地写出了富有地方色彩的生活画面和具有性格特征的人物形象，在写实手法的运用和语言的凝练上，都取得了成功。《骆驼祥子》是一部优秀的现实主义小说。

【 阅读指导 】

阅读这部小说时，要把握情节的总体框架，祥子的三起三落，以及小说的环境描写，从而理解祥子的命运三部曲——"精进向上——不甘失败——自甘堕落"背后所蕴含的深刻主题。

此外，小说中有许多令人击节赞赏的语句和语段，建议阅读时做好摘录。

不会随风而逝的文学经典
——《飘》

作　　者：玛格丽特·米切尔

成书年代：1936年

必读理由：时代造就的新女性形象

【作者简介】

留下一部辉煌著作的女作家

　　玛格丽特·米切尔（1900—1949年），出生于美国佐治亚州亚特兰大市的一个律师家庭，曾获文学博士学位，担任过《亚特兰大新闻报》的记者。1937年她获得普利策奖，1939年又获纽约南方协会金质奖章。1949年，她在一场车祸中不幸丧生。她短暂的一生并未留下太多的作品，但只一部《飘》就足以奠定她在世界文学史中不可动摇的地位。

【内容精要】

人生奋斗中所映照出的一段美国历史

　　《飘》的故事发生在1861年美国南北战争前夕。生活在南方的少女郝思嘉的血液里流淌着野性的叛逆因素。随着战火的蔓延和生活环境的恶化，郝思嘉的叛逆个性越来越丰满，越来越鲜明。在一系列的挫折中，她改造了自我，改变了个人甚至整个家族的命运，成为时代造就的新女性形象。作品在描绘人物生活与爱情的同时，又勾勒出南北双方在政治、经济、文化等各个层次的异同，具有浓厚的史诗风格，堪称美国历史转折时期的真实写照。

【必读理由】

时代造就的新女性形象

　　《飘》的作者着力塑造了郝思嘉这样一个具有独特性格和价值的新女性形

象。这个塔拉庄园奴隶主的长女，从16岁登上人生舞台，到28岁时孑然一身，12年间嫁过3个丈夫，两度守寡，为"振兴家业"曾经大干一番，成为19世纪美国的"乱世佳人"。作者米切尔将她放在美国南北战争和战后重建时期广阔的社会背景中，她被南北战争的疾风暴雨摧毁了家园，自身又不甘沉沦和毁灭，靠自己的努力和挣扎，最终成为新兴的资产者。同时，作者多方面地描写了她在爱情生活、战争生活、经济生活和家庭生活中的性情仪态，揭示出她的精神世界和种种复杂性格。将她塑造成一个处在特定历史时期，背叛家庭和阶级，勇跟时代潮流，向前看，不退缩，勇敢、坚强的新兴资产阶级女性典型。

郝思嘉具有父亲爱尔兰人豪迈和富有挑战性的血统，而又深受母亲大家闺秀品性的影响，因此表面上是个端庄贤淑的美女，但骨子里却具有敢于突破各种束缚的反叛性。她的母亲时时用大家闺秀的传统信条来陶冶她，要她吃饭"像只小雀儿"，即使自己的意见比男人高明也不要讲出来等等，而她却"始终不曾学，决然要不受这么多的约束"。内战爆发前，面对一片喧嚣的战争狂热，她对"州权""离盟"和战争却表示明确的反对，公然藐视发动战争的所谓神圣的"主义"。

而此后战争期间，身穿寡妇丧服的她不顾旧礼教、旧道德，毅然与白瑞德一起领跳苏格兰舞，面对那些太太们责备的目光，她却报之以无比的轻蔑，"那些老猫儿如果爱叫——好吧，没有那些老猫儿也一样过日子的"。乃至后来在亚特兰大开办木材加工厂，扩大经营，雇用囚犯，与"北佬"做生意，一个女人家终日在外抛头露面……种种举止，无一不显示出她敢于冲破传统习俗的无畏勇气和叛逆精神。

郝思嘉身上最闪光之处还在于：面对生活的磨难，她具有坚韧不屈的性格和身处逆境而不甘沉沦的顽强奋斗精神，并显示出非凡的生活能力。

在那个战火纷飞的年代，为了答应过阿希礼照顾玫兰妮的一句承诺，在北军就要攻占亚特兰大的时候，郝思嘉果断地替玫兰妮接生，并带着产妇和新生儿冲破重重阻碍和关卡，回到了乡下老家——塔拉庄园。历尽千辛万苦回到庄园时，她又遭受了母亲病亡、父亲痴呆、家里被劫、一穷二白的多重打击。但她不屈不挠，带头种田干活，喝令妹妹下床摘棉花，并照顾玫兰妮和小波，支撑起一家人的生计。为了保护自己的庄园不被"北佬"烧毁，她拼死扑火，保住了她永远的家——塔拉。为守护家产而枪杀前来劫掠的逃兵；为弄到300元钱作地税款而去探监，打算向白瑞德屈身；为保住庄园的土地，以欺骗的手段嫁给自己根本看不起的弗兰克，由于战争的影响，她对钱的追求超过了一切。她的聪明才智和巾帼不让须眉的作风虽然饱受人们的指点，但是她从不退缩，把两个锯木场经营得有声有色，成为一家人的衣食支柱。她嫌丈夫弗兰克无能，便一手操纵财产权，让丈夫靠边，充分显示出一个"女强人"的禀性。她曾声称："我相信女人用不着男人帮忙也能完成世界上的每件事情，除了生孩子。"她不顾众人非议和亲人劝阻，在亚特兰大所采取的几项重大举措，不但显示出她作为新兴资产者的长远战略目光，而且充分表现了她的勇敢、坚毅和杰出才能。

总之，郝思嘉这个形象很丰富，她是一个多重性格的复合体，在她身上是传统观念和现代追求的交织，她给我们阅读者、欣赏者，甚至于研究者极大的空间去思辨、去思考，并不断地给阅读者注入新的观念。

【阅读指导】

欣赏《飘》这部小说，熟悉情节是基础，剖析人物形象是重点。除主人公郝思嘉外，玫兰妮、白瑞德、阿希礼也是具有丰富内涵的文学形象，需要我们认真剖析，反复品味。

此外，体味小说环境也很重要，这样才能更好地领会作者的创作意图，从而达到认识社会生活、人性内涵的目的。

独具魅力的现代文学经典
——《沈从文散文》

作　者：沈从文

成书年代：20世纪40年代

必读理由：一部给人丰厚教益的文学书

　　　　　沈从文小说的最好注解

　　　　　独具魅力的表现艺术

【作者简介】

只上过小学的大师

　　沈从文（1902—1988年），原名沈岳焕，湖南凤凰县苗族人。幼年时读过两年私塾，正规教育仅是小学，他的知识和智慧更多是自然和人生这部大书给他的。14岁时，他投身行伍，浪迹湘川黔边境地区。1924年开始文学创作，抗战爆发后到西南联大任教，1931—1933年在山东大学任教。1946年回到北京大学任教，新中国成立后在中国历史博物馆和中国社会科学院历史研究所工作，主要从事中国古代历史的研究。

　　沈从文不仅是著名的作家，还是著名的历史学家、考古学家，他撰写出版了《中国丝绸图案》、《唐宋铜镜》、《龙凤艺术》、《战国漆器》、《中国古代服饰研究》等等学术专著，文学作品《边城》、《湘西》、《从文自传》等，在国内外有重大的影响。他的作品被译成日本、美国、英国、前苏联等40多个国家的文字出版，并被美国、日本、韩国、英国等10多个国家或地区选进大学课本，他本人也曾两度被提名为诺贝尔文学奖评选候选人。

【内容精要】

个人自传及对美与哲学的思考

　　《沈从文散文》一书，收录了《从文自传》、《湘行散记》、《湘西》以及其他集子中的散文名篇。

其中的《从文自传》是他的自传体散文，叙述了从出生到他离开湘西为止的近20年的人生经历，但家庭和生平的许多情况语焉不详。所以，这只是他人生艰难历程中的一段心和梦的历史，是在表现和剖析他自己的灵魂。

《湘行散记》和《湘西》是沈从文散文中重要的散文精品。这是他抗战前后两次还乡的产物，等于是他的自传，尤其是关于他与故乡的文学感情生活的一个传记性的延长。这又如一个山水长卷，画出一条包括了五条支流、十个县份、百个河码头的湘西之源：沅水流域。这两书的共同特点是：将湘西的人生状态，通过景物印象与人事哀乐一一传诉，比小说更集中，同时也比小说有更直接的历史感受，因此有更多的感慨和议论。

此外，沈从文的散文中也有理论阐释的文字。这本《沈从文散文》的"其他"一章中所收的《水云》、《绿魇》等篇，简直就是一篇篇散文诗，谈的都是美学、哲学，是在不断探讨文学与生命的关系。

【 必读理由 】

一部给人丰厚教益的文学书

沈从文的散文成就很高，而且他的散文比起他的小说来，更能表现他这个"乡下人"自闯入文坛以来走过的个人道路以及所遭遇的孤独感。从他的散文中更能直接地看到他自身独特的人生经历和创作风格，从中可以洞悉他不同时期的处境以及内心的矛盾苦闷。

沈从文的散文是他别样的人生自传，他从一个"乡下人"成长为中国现代著名作家，从郁达夫《给一个文学青年的公开状》中那个穷困潦倒的文学青年到北方文学的重镇和"京派"作家的领袖，从因仅仅拥有小学毕业资格而被大学拒之门外的投考者到北京大学的教授，他的人生就是一部传奇。这部传奇足以启示读者，激励读者。

更重要的是，他的许多散文篇章充满了对人生的隐忧和对生命的哲学思考，一如他那实在而又顽强的生命，给人教益和启示。例如：《沅陵的人》、《沅水上游的几个县份》、《桃源与沅州》等，反思"文明"与"堕落"的复合关系；《凤凰》、《一个多情水手与一个多情妇人》，沉醉在爱的憧憬里，流露出对爱的毁灭性的隐忧；《虎雏再遇记》、《箱子岩》，感动于原始生命的力量，同时也流露了对原始生命活力无从改造与转移的忧惧感。

但总的来说，沈从文写散文时怀着向善和向美的文学理想，以乡村中国的眼光表现普通人的命运和质朴自然的生命形式，并以此作为参照，来探求民族品德的消失与重造，探求人的重造。这一点对处于当今时代的我们仍不乏启示意义。

沈从文小说的最好注解

众所周知，沈从文的小说成就很高，而阅读《沈从文散文》能使我们加深对他小说的理解。这是因为，他有意无意地将散文的描写和他的小说相关联。例如《湘行散记》和《湘西》可以同他的小说《边城》和《长河》互文理解，他在这两部散文中点出了他小说中的人物在湘西活生生地存在着：《鸭窠围的夜》里像"柏子"的水上人，《老伴》里交待了芦溪县城绒线铺女孩是《边城》翠翠的原型，《一个多情水手与一个多情妇人》中观音般的妓女居然叫夭夭。

正如他在散文中经常说的，人物和地方都美丽得使人悲伤，"我心中似乎毫无渣滓，透明烛照，对万汇百物，对拉船人与小小船只，一切都那么爱着，十分温暖地爱着"。他写小说时的感情在他的散文中找得到实实在在的线索。

从以上两个方面可以说明，沈从文的散文是他小说的最好注解。

独具魅力的表现艺术

沈从文的散文与他的小说一同描绘了一个奇丽与野蛮并存的湘西世界，这是他对中国现代文学最大的贡献。

他擅长用极为精简的笔墨勾勒出湘西山水风物。在他的笔下，人是鲜活的，景是生动的，物是灵现的。在他的散文里有清澈毫无渣滓的河水，沅水的美兰花草，箱子岩高崖木棺，鸭窠围吊脚楼奇观，滩险，虎吼……有听过之后一生也忘不了的橹歌，有爱说野话却勇敢有力的水手，有可爱质朴却沦为妓女的妇人，有淳朴厚道的小虎雏，也有年轻时好撒野、后来又一改劣迹的戴水獭帽的朋友，就连土匪出身的大王、毒辣而又标致的女妖，也显得坚实强悍，视死如归。

他笔下的人物、景观、生活，无一例外地展现出现代小镇的风采，自然朴素的生活方式，乐观积极的生活态度，闲适清幽的生活环境。他把自己看到的一切用笔画下来，单纯而又厚实，朴讷而又传神，具有浓郁的地方色彩，凸显出乡村人性特有的风韵与神采。

加之，他散文的文笔任意识的流动纵情写去，富情感美、色彩美，活泼有灵气。在自然素朴的叙述中，注入诗的节奏。一切在他的笔下，自然天成，无拘无束。

这些都使得他的散文独具魅力，为现代散文增添了艺术光彩。

此外，由五四时期兴起的中国现代散文，至20世纪30年代，创作多以小品形式为主。收入《湘行散记》、《湘西》中的散文，既能各自独立成篇，又从总体上具有内在的整一性。这种散文长卷的独创，发展了散文艺术的表现形式，开拓了散文创作的意义空间。

【 阅读指导 】

沈从文的散文文质兼美，风格多样，我们在阅读时应着重于倾心感受。另外，摘录自己最喜欢的文段，时常回看品味，可以增强我们对沈从文散文之美的体会。

第三章

最优秀的文化书：培养知书达理的气质

具有深远影响的美育著作
——《审美教育书简》

作　　者：席勒

成书年代：1795年

必读理由：一部划时代的美育著作

　　　　　文质兼美的理论著作

【作者简介】
德国最伟大的作家之一

　　约翰·克里斯托弗·弗里德里希·冯·席勒（1759—1805年），出生于德国小城马尔赫尔的贫穷市民家庭，童年时代就对诗歌、戏剧有浓厚的兴趣。1768年入拉丁语学校学习，但1773年被公爵强制选入他所创办的军事学校，接受严格的军事教育。在军事学校上学期间，席勒结识了心理学教师阿尔贝，并在他的影响下接触到了莎士比亚、卢梭、歌德等人的作品，这促使席勒坚定地走上文学创作的道路。他从1776年开始发表作品，从1782年至1787年，席勒相继完成了悲剧《阴谋与爱情》、《欢乐颂》等。但从1787年到1796年的近10年里，席勒几乎没有进行文学创作，而是专事历史和美学的研究。

　　1794年，席勒与歌德结交，并很快成为好友。在歌德的鼓励下，席勒于1796年重新恢复文学创作，进入了一生之中第二个旺盛的创作期，直至去世。席勒与歌德的合作，创造了德国文学史上最辉煌的10年，他与歌德因此被并称为"德国最伟大的作家"。

【内容精要】
和谐自由发展的美育理念

　　《审美教育书简》是1793—1794年作者写给丹麦王子克里斯谦公爵的27封信，1795年经整理出版。此外还收录了席勒最重要的美学散文6篇：《审美教育书简》、《论美》、《论素朴的诗和感伤的诗》、《秀美与尊严》、《论悲剧艺术》、《论悲剧对象产生快感的原因》。

追求人类本性的完善，提倡理性的自由是席勒美育思想的核心。我国著名美学家朱光潜先生曾概括说，"席勒在《审美教育书简》以及其他文章里建立了浪漫运动时期的人道主义的理想：理想的人是全面得到和谐自由发展的'完整的人'"。

席勒用康德哲学的概念来分析自身内部已经发生分裂的现代性，并设计了一套审美乌托邦，赋予艺术一种全面的社会——革命作用。这本著作贯穿着一条不可动摇的主线：每一个人都有可能去实现理想的人性。

【必读理由】

一部划时代的美育著作

席勒的《审美教育书简》是"审美现代性"创生的划时代文献。它第一次明确提出了"审美教育"的概念，并对美育的性质、特征和社会作用作了系统阐释，是第一部系统的美育著作。

席勒认为，正因为审美活动是自由的，所以审美教育是实现人的自由的唯一途径。席勒还认为审美教育可以恢复人的感性与理性的统一，造就完整人性，使人进入自由王国。其护卫心灵的坚定，用美摆渡人生的深刻，求索自由人性的专注，无不具有超越时空、种族、社会形态的巨大借鉴意义。

他从人本主义的立场出发，深刻批判了启蒙理性的弊端，提出恢复感性的合法性，解除理性对感性的粗暴专制，并在此基础上阐述了具有现代性意义的美和美育范畴。弘扬人的感性本质、揭示和批判现代社会人性的分裂和异化、赋予美和美育鲜明的现世性和此岸性、把美和审美作为人的生存范畴来理解。席勒正是这样以美学为依托思考了人性的完善、人类的命运和社会的改良。

席勒第一个以美育理论为武器，深刻批判了资本主义制度分裂人性弊端的理论；他也是第一个将美育与艺术的建设同人的自由解放和全面发展相联系，从而为后世人文主义美学的发展奠定了理论基础和正确的路向。这本书的思想成为马克思主义美学的一个重要发源地，并有力地催生了20世纪的西方人本主义美学主潮。

席勒的著作还影响了几代中国人。从蔡元培到郭沫若，从鲁迅到田汉，从王国维到朱光潜、宗白华，无不推崇他的思想成就、受到他的直接影响。

文质兼美的理论著作

　　这本《审美教育书简》是席勒美学思想的一个大众化读本、普及读本，它虽然只是很薄的小册子，以书信的形式写成，但文笔很美，意义丰富又深远。歌德曾经对它评价说："这些书简是那么美妙宜人，就像一杯可口的饮料，甫触到舌尖就能调动起你全身的神经系统。我长久以来所认为正确的东西，我经历过的以及想要经历的东西，以一种如此紧凑、如此和谐的方式被呈现了出来。"

【 阅读指导 】

　　对于大师的作品，我们主要用研究、学习的心态去阅读，尽量吸收。但阅读时不能没有自己的思考，当我们自己的观点不同于书中的观点时，应标注出来，待进一步思考或日后的重新阅读时比较研究。

享誉世界的文艺理论巨著
——《艺术哲学》

作　　者：丹纳

成书年代：1869年

必读理由：提出的实证主义文艺理论开风气之先

　　　　　一本轻松有趣的文艺理论巨著

【作者简介】

实证主义文学批评家

依波利特·阿道尔夫·丹纳（1828—1893年），法国史学家兼文学评论家，实证主义的杰出代表。丹纳出生于一个律师家庭，他自幼博闻强记，20岁时以第一名考入巴黎高等师范学校，专攻哲学。

1851年，丹纳以优异的成绩从巴黎高等师范学校毕业后，为了继续自己的学术生活，他选择到学校工作，担任中学教师。过了不久，他因为与学校政见不合而辞职，从此也摆脱了繁重的教学任务。此后书斋生活成了丹纳生命的主旋律，即使以后在大学任教也是如此。他精通多国语言，几乎游历了整个欧洲。1878年，他应邀任巴黎美术学校美术史和美学教授，并当选为法兰西科学院院士。

丹纳著有许多重要的学术著作，如《拉封丹及其寓言》、《英国文学史》、《十九世纪法国哲学家研究》、《论智力》、《现代法兰西渊源》（12卷）、《意大利游记》、《艺术哲学》等。

【内容精要】

西方艺术理论和艺术史

丹纳的《艺术哲学》一书既是他的代表作，也集中反映了其艺术思想和哲学思想。该书是"一部有关艺术、历史及人类文化的巨著"，"采用的不是一般教科书的形式，而是以渊博精深之见解指出艺术发展的主要潮流"。

《艺术哲学》一共分为五大编，即第一编《艺术品的本质及其产生》，第二编《意大利文艺复兴期的绘画》，第三编《尼德兰的绘画》，第四编《希腊的雕塑》，第五编《艺术中的理想》。全书分别从艺术理论和艺术史两方面来论述，第一编属于艺术理论，提出了丹纳的主张，认为研究学问应"从事实出发，不从主义出发；不是提出教训而是探求规律，证明规律"。第二、第三和第四编属于艺术史。丹纳认为物质文明与精神文明的性质面貌都取决于种族、环境、时代三大因素，从这一原则出发，他阐扬了意大利、尼德兰和古希腊的艺术流派。最后一编《艺术中的理想》又回归到艺术理论上来，阐释了丹纳的美学。

【必读理由】

提出的实证主义文艺理论开风气之先

生活在19世纪的丹纳自然深受那个时代自然科学界的影响，特别是达尔文进化论的影响，认为世界上一切事物，无论物质方面的或精神方面的，都可以解释；一切事物的产生、发展、演变、消灭，都有规律可循。因此，丹纳的治学方法是从事实出发。同时，他还深受德国哲学家黑格尔和法国哲学家孔德的影响，把观察的方法引入人文社会科学，提出了自己的实证主义文艺理论。在《艺术哲学》中，丹纳主要提出了两大理论：一是"种族、环境、时代"三元素说；二是艺术批评的三种尺度，即艺术品表现事物特征的重要程度、有益程度及效果的集中程度。前者强调了三元素对文学艺术的决定性影响，后者则强调了艺术批评的客观性。

两大理论中，最重要的是他的三元素说。具体而言，受达尔文进化论和孔德实证主义的影响，丹纳在《艺术哲学》中以欧洲文艺复兴时期的意大利绘画、尼德兰绘画和古希腊的雕塑为例，以艺术发展史实为依据，说明并强调了种族、环境、时代三个因素对精神文化的制约作用，并认为在三个因素中，种族是"内部动力"，环境是"外部压力"，时代则是"后天动力"。

我们从丹纳的三元素说可以看到，民族特性对艺术家和作家的人生态度、理想、性格、情感等方面的持久性的影响，也可以看到环境、社会意识、时代精神对文化艺术发展的决定性的作用。丹纳在《艺术哲学》中，从三元素理论出发，详细论证了他的看法：因为种族的不同，造成日耳曼民族的艺术与拉丁民族的艺术不同，前者更浑朴，后者则更精致；因为自然环境的不同，所以意大利绘画多表现理想的优美的人体，而尼德兰绘画多表现现实的甚至是丑陋的人体；因为时代不同，所以古希腊人能够创造出简单而静穆的伟大作品，而现代人只能创作出孤独、苦闷、挣扎的艺术。这些观点无疑极具启发性。当时很多的文艺研究主要从既有观念出发，或紧紧围绕作品情节、人物进行研究，经常把人物孤立于其所生活的环境，不能从更广泛的社会、历史角度去考察。因此，丹纳的三元素说无疑是开了一代风气之先，为以后的实证主义艺术理论奠定了坚实的基础。

一本轻松有趣的文艺理论巨著

《艺术哲学》一书不但条分缕析，明白晓畅，而且富有热情，充满形象，色彩富丽，绝无一般理论书籍的枯索沉闷之弊。从中我们也可以看出丹纳理论功底的深厚，以及对意大利、尼德兰、古希腊的艺术历史的熟悉。丹纳为了不使本书枯燥无味，就尽可能搜集各种原始史料、小说、史书、文献、轶文，使得整部书文笔异常生动，充满鲜活的实例和生活元素，也使得这一部有关艺术、历史及人类文化的巨著，读来使人兴趣盎然，获益良多，又有所启发。

【 阅 读 指 导 】

《艺术哲学》是本理论类书籍，阅读这类书籍时，首先要养成连接概念与经验的阅读习惯。其次，为了更好地掌握作者的中心论点，建议做好摘录笔记。

另外，鉴于这本书的重要性，建议大家精读和深入研究此书，达到彻底消化的程度。傅雷曾教导儿子傅聪好好研读此书，并指出读好此书的益处："做人方面，气度方面，理解与领会方面都有进步，不仅仅是增加知识而已。"

中国文艺美学的里程碑
——《人间词话》

作　　者：王国维

成书年代：1908年

必读理由：中国古典文艺美学的里程碑

　　　　　一本饱含多方面哲理思考的书

　　　　　阅读之余的收获

【作者简介】

连通中西美学的大家

　　王国维（1877—1927年），字伯隅，又字静安，号观堂，我国近现代在文学、美学、史学、哲学、古文字学、考古学等各方面都成就卓著的学术巨子、国学大师。

　　王国维出生于浙江海宁的书香世家，他从小聪颖好学，少年时代即被誉为"海宁四才子"之一。1898年，他到上海任《时务报》文书、校对，业余去罗振玉东文学社学习外文及理化知识，开始接触西方文化。1901年秋，他受资助赴日本东京物理学校学习，但第二年便因病回国。1903年起，他任教于通州和江苏师范学堂，讲授哲学、心理学等，同时写出《红楼梦评论》等多篇哲学、美学论文。1907年，王国维北上，任学部图书馆编译、名词馆协修，期间著有《人间词话》和《宋元戏曲史》。后来他又被应聘为清华大学国学研究院教授，讲授经史小学，并研究汉魏石经、古代西北地理及蒙古史料，与梁启超、陈寅恪、赵元任号称清华国学四大导师。1927年6月2日，王国维在颐和园内投昆明湖自杀。

　　王国维是近代中国最早运用西方哲学、美学、文学观点和方法剖析评论中国古典文学的开风气者，也是中国史学史上将历史学与考古学相结合的开创者，确立了较系统的近代标准和方法。他是中国新学术的开拓者，是连接中西美学的大家。

境界说

《人间词话》是一部文学批评专著，是中国第一部将西方美学与中国古典美学融会贯通的文论著作。

《人间词话》采用了札记式的方式写成，共64则，可分为三部分。第一部分为前9则，提出"境界"这一批评概念，作为全书理论的始发点，接着又引出了"有我之境"与"无我之境""造境"与"写境"这两组批评话语，并区分了它们不同的审美特征。这9则词话寥寥数语，却是这一理论专著的纲，后面的论述全部围绕这一核心——"境界"，来探求文学的本质规律。第二部分从第10则到第52则，是实际批评部分，按照时代顺序，评论了李白、欧阳修、苏轼、陆游、辛弃疾、纳兰容若等人的词作。第三部分从第53则到第64则，是结论部分，即总括前述内容，整体给予说明。

此书吸收了康德和叔本华的美学思想，使之与传统美学相融合，提出一套系统的美学观，其核心思想是"境界说"。此外，在作家修养、创作方法、写作技巧和创作风格等方面，也都有精辟独到的见解，在当时一新世人耳目，影响甚大，在今天也有重要的参考价值。

中国古典文艺美学的里程碑

在《人间词话》的文学批评观念与方法上，王国维跳出了旧有的圈子，运用西方美学新观点、新标准和新方法，对传统加以改造，为日显沉滞的中国文学批评开辟了新途。

从表面上看，《人间词话》中的王国维似乎在回归传统，他运用了"意境""境界"等传统的批评概念，采用的也是传统的感悟式点评方式，见不到《红楼梦评论》里那种条理缜密的理论思辨性。但是从总体考察，我们便可发现他把西方的分析方法引进了中国的文学批评。他的作品其实隐含系统的理论框架，即理论部分（1—9则）、实际批评部分（10—52则）和结论部分（53—

64则）。他创造性地提出了"有我之境""无我之境""写境""造境"等批评话语。总而言之，《人间词话》是王国维接受了西方美学思想的洗礼后，以崭新的眼光对中国旧文学所作的评论，是中国古典文艺美学上一部里程碑式的著作，标志着中国古代文学理论开始向现代转换。

一本饱含多方面哲理思考的书

《人间词话》中提出的"境界"说，有深厚的文化底蕴，也有对人、对人与社会关系的深刻思考。

《人间词话》开宗明义提出："词以境界为最上。有境界则自成高格，自有名句。"关于境界说的美学特征的内涵，王国维在《人间词话》里有具体说明：首先，"境界"具有言外之味，弦外之响，体现出了"言有尽而义无穷"的美学特色。其次，"境界""意境"具有真实自然之美。他说："大家之作……其词脱口而出，无矫揉妆束之态。以其所见者真，所知者深也。"又说："能写真景物、真感情者，谓之有境界。否则谓之无境界。"不仅要求内容方面的情景之真，而且要求艺术表现方面自然传神，造语平淡，尽弃人为造作之痕迹。惟其如此，作品方能具有"不隔"的自然真切之美。这些确实都是极有见地的文艺理论观点，把它们当作批评标准，论断诗词的演变，评价词人的得失，作品的优劣，词品的高低，往往中肯。

值得一提的是，《人间词话》中指出的三种境界也能给我们以人生方面的指导。引文如下：

古今之成大事业、大学问者，必经过三种之境界："昨夜西风凋碧树。独上高楼，望尽天涯路。"此第一境也。"衣带渐宽终不悔，为伊消得人憔悴。"此第二境也。"众里寻他千百度，回头蓦见，那人正在，灯火阑珊处。"此第三境也。此等语皆非大词人不能道。

王国维是位学术上颇有成就的学者，他所说的三种境界，正是他自己专心致志、呕心沥血从事学术研究的亲身体会。第一个境界，指的是一个人要有远大理想和崇高追求；第二个境界，指的是为了实现自己的理想和追求，要做艰苦不懈的努力；第三个境界，是指经过艰苦努力，必能获得成功。这三种境界，是一个人成就大事业大学问的必由之路。王国维的"三境界论"，对于我们每一个人的学习，都有着深刻的启示和教益。

阅读之余的收获

由于《人间词话》继承了中国文艺批评的传统形式，乃系断章零语，灵机闪现之处便是绝妙好辞成文之时。然而，框架结构虽属片段式札记，但其整体内容却自成体系，属于形散而神不散，我们在阅读的过程中若能善加学习，可以增强整理资料的能力。

另外，书中的诗词包罗万象，喜怒哀乐气象万千，看过这些，我们对待自己生活中的或琐碎或重要的事情，都会站在一个更高的层次上看问题。

【 阅读指导 】

对词作有所爱好并有相关方面素养的人阅读此书，自然会爱不释手。傅雷曾说："《人间词话》，青年读得懂的太少了，肚里要不是先有上百首诗，几十首词，读此书也就无用。"其实这本书对我们大多数人并没有多大的阻读性，因为我们在平时的语文学习中早已涉猎一些名家名作，对于《人间词话》内容中涉及的一些著名词人词作已经耳熟能详。当然，如果能做到像傅雷所说的"肚里先有上百首诗，几十首词"，再来阅读此书，则效果会更好。

最佳的艺术史著作
——《世界美术名作二十讲》

作　　者：傅雷

成书年代：1934年

必读理由：艺术史著作中一部难得的佳作

　　　　　旨在为中国之新艺术做准备的著作

【作者简介】
多艺兼通的翻译巨匠

　　傅雷（1908—1966年），字怒安，号怒庵，一代翻译巨匠，多艺兼通，在绘画、音乐、文学等方面，均显示出独特的高超的艺术鉴赏力。他出生于江南望族，五卅运动时，曾参加在街头的讲演游行，北伐战争时参加大同大学附中学潮。1927年冬离沪赴法，在巴黎大学听文科课，同时专攻美术理论和艺术评论。1931年秋回国后，即致力于法国文学的翻译与介绍工作，译作丰富，行文流畅，文笔传神，翻译态度严谨。

【内容精要】
20位美术家及其名作创作背后的思想

　　这部讲稿饱含傅雷对美的见解与热情。他说："热情的流露、生命的自白与神明之皈依，就是文艺复兴绘画所共有的精神。"全书围绕西方文艺复兴以来近20位美术家及其名作展开，细述了这样一种艺术的出现与发展。讨论从艺术风格延至人格操守，又涉及时代与环境，并融入了对相关文学、音乐、哲学的感悟，虽浅显通俗，却耐人回味。在傅雷的引领下，读者被带往几个世纪前的翡冷翠、罗马、荷兰、英国、法国……走近乔托、波提切利、达·芬奇、米开朗琪罗、拉斐尔、伦勃朗、鲁本斯、委拉斯开兹……感受杰出作品里蕴藏的精妙的造型语言、细微的情绪色彩，以及它们带给后世观者的心灵震动。

【必读理由】

艺术史著作中一部难得的佳作

《世界美术名作二十讲》，薄薄的一册，却影响深远。傅雷在书中没有大量列举各派与作品，而是仅仅选择有代表性的加以评述。除了评介作品的特色与美术家的身世片段外，傅雷也提到一些由艺术实践引起的美学方面的疑难问题，并提出他自己的看法。全书的评述深入浅出、简明扼要、委曲精微、娓娓动听，且在宏观与微观之间得其平衡，实为艺术史著作中一部难得的佳作。

在这本书中，傅雷想要表达的是一种思想：艺术之美在于感受。突破了很多艺术介绍书籍旨在分析名作构图、光影、色彩、寓意的桎梏，他在分析之余还表达自己对艺术作品的感受，带给读者一种美的体验。这本书不仅仅让人阅读到西方美术名作的美，更能体会到美术家的人格魅力，美术创作之美。

旨在为中国之新艺术做准备的著作

《世界美术名作二十讲》虽然讲的是西方的艺术，但傅雷真正的心愿却是能够对中国当下的状况有所启迪。他不满于20世纪30年代国内画坛以标榜"立体""达达""表现"自居的现代派，也不满将西方学院派树为典型的做法，他认为这两种态度虽然取向不同，但都是对西方艺术的表面化模仿，并不是真正经过内心酝酿和创造的艺术。傅雷也不同意所谓的"调和中西"的说法，因为他相信，每一种艺术的技巧与形式，都是与它们所要表达的内心情操相关的。他认为，以上种种弊端，都是由于浅薄取巧、不假深思的学风造成的。这也成为他写作本书的动因。明因果，重研究，讲人心修养，触类旁通，为中国之新艺术做准备，正是这些"书背后的声音"使得青年傅雷的《世界美术名作二十讲》与众不同，具有独特的价值和意义，吸引了一代又一代读者。

【阅读指导】

这本以讲稿整理而成的书，深入浅出，即使是对美术一窍不通的人也能轻易读懂。作者注重讲解艺术家创作背后的思想，因此我们在阅读时，应该学习作者是从什么样的角度去体会、理解一个作品。另外，如果对绘画有兴趣的话，还可以拓展阅读作者的其他有关艺术的论著。

享誉西方的"中国形象"之作
——《吾国与吾民》

作　　者：林语堂

成书年代：1936年

必读理由：一部让西方人知道何谓"中国文明"的好书

【作者简介】

名声在外的现代作家

　　林语堂（1895—1976年），原名玉堂，后改为语堂，出生在贫穷的牧师家庭，年轻时曾一度离开教会生活。1912年在上海圣约翰大学学习英文，后来先后在清华大学、哈佛大学和德国莱比锡大学学习，分别获得英文学士学位、比较文学硕士学位、语言学博士学位。

　　1923年回国，任北京大学教授和英文系主任。1924年后为《语丝》周刊主要撰稿人之一。1926年出任北京女子师范大学教务长，同年到厦门大学任文学院院长。1927年到武汉任中华民国外交部秘书。随后的几年当中，他创办多本文学刊物，提倡"以自我为中心，以闲适为格调"的小品文，对之后的文学界影响深远。1935年后，在美国用英文撰写《吾国与吾民》、《京华烟云》、《风声鹤唳》等作品。他发明的"明快中文打字机"，1952年获美国专利。1966年定居台湾期间，撰写论古说今的杂文，后来收集在《无所不谈》一集、二集中。1967年受聘为香港中文大学研究教授。1972年和1973年被国际笔会推荐为当年诺贝尔文学奖候选人，1975年被推举为国际笔会副会长。1976年3月26日在香港逝世。

【内容精要】

中华民族的优缺点

　　《吾国与吾民》是林语堂在西方文坛的成名作，原书是他用英文创作的。

全书的主体内容，共分为两大部分，第一部分是"背景"，包括了《中国人》、《中国人的性格》、《中国人的心灵》、《人生的理想》四章；第二部分是"生活"，包括了《妇女生活》、《社会与政治生活》、《文学生活》、《艺术家生活》、《人生的艺术》、《中日战争之我见》六章。

作者以一种整体式的笔触向人们展示了一位文化学者眼中的中国，站在公正的高度上审视和评价中国及中国人，毫不留情地揭示了当时中国社会方方面面的弊端和流毒，同时也追溯了中华民族曾经的辉煌，以冷静犀利的视角剖析了中华民族的优缺点。

这是一部思想与现实交相辉映的著作，作者对中国的命运抱有足够的自信，始终流露出乐观的情绪。他在书中说道："我可以坦诚相见，我并不为我的国家感到惭愧。我可以把她的麻烦公之于众，因为我并没有失去希望。中国比她那些小小的爱国者要伟大得多，所以不需要他们涂脂抹粉。她会再一次恢复平稳，她一直就是这样做的。"

【必读理由】
一部让西方人知道何谓"中国文明"的好书

《吾国吾民》是一部有关中国社会、历史和文化的著作，作者希望超越国家、民族与语言的隔阂，让更多的西方人对中国人及其文化有比较客观、全面的认识。美国作家赛珍珠在序中说此书"是关于中国最完美、最重要的一本书"，"是有关中国的杰作，全书渗透着中国人的基本精神"。而作者在自序中也声称："本书不是为中国'伟大的爱国者'和西方的'爱国者'而作，只是为那些'没有失去自己最高人类价值'的人而写。"

作者在该书中用坦率幽默的笔调，睿智通达的语言，娓娓道出了中国人在道德、精神上的状态与向往，以及中国的社会、文艺与生活情趣。在本书中，作者发挥自己"两脚踏东西文化"的优势，常用中西比较的眼光看问题。该书将中国人的性格、心灵、理想、生活、政治、社会、艺术剖释得非常精妙，并与西方人的性格、理想、生活等做了相应的广泛深入的比较。

尽管作者是从整体来观照中国，但书中也包含了不少极具个人性的认识，譬如《生活的艺术》一章，作者就将旷怀达观、陶情遣兴的中国人的生活方式和浪漫高雅的东方情调予以充分的传达，向西方人娓娓道出了一个可供仿效的

"生活最高典型"的模式。

在当时，西方一直流行着一种想象与真实掺杂的"中国观"。这种"中国观"认为中国是完全堕落的"另类"，是文明畸形，"中国人把一切仪式都搞得精细繁复，但又都愚蠢透顶。连他们的绘画都显得荒诞不经，物象都变了形，那些奇形怪状的东西，在现实中根本找不到。更有甚者，他们比世界上任何其他民族都更加冥顽不化，千百年来死守着一些先代流传下来的陋俗恶习。"而《吾国与吾民》一书，为西方人提供了一个健康、真实的中国形象，为世界提供了一个重新全面认识中国的机会。

【 阅读指导 】

在阅读此书之前，很有必要了解一下作者当时的写作动机和所处的时局。因为判断一部作品伟大与否，绝不能只用后世的视角来审视，更有必要的是应当回溯到创作的当时当地，从作者和社会的角度出发来进行考量。

中国通史的最佳著作之一
——《国史大纲》

作　　者：钱穆

成书年代：1940年

必读理由：一本很好的爱国主义教育书

中国通史的最佳著作

【作者简介】

中国现代历史学家

钱穆（1895—1990年），中国现代历史学家，江苏无锡人。字宾四，笔名公沙、梁隐等。钱穆9岁入私塾，熟悉中国的传统文献典籍。13岁入常州府中需学堂学习，1912年因家贫辍学，后自学成才。1930年以后，历任燕京、北京、清华、四川、齐鲁、西南联大等大学教授，也曾任无锡江南大学文学院院长。1949年迁居香港，创办新亚书院。1966年，钱穆移居台湾台北市，在"中国文化书院"（今中国文化大学）任职，为"中央研究院"院士、台北"故宫博物院"特聘研究员。晚年专心致力于讲学与著述。他一生写了1700多万字的史学和文化学著作，代表作有《先秦诸子系年》、《国史大纲》、《刘向歆父子年谱》等，在国内外学术界有着很大的影响。1990年8月，钱穆在台北逝世。

【内容精要】

中国上下五千年的历史

钱穆的《国史大纲》是其在西南联大期间，在日军战机时有空袭的情况下完成的中国通史。此书开宗明义，意在唤醒国人，即如书的首页所昭示的信念，要对"本国以往历史"有"温情与敬意"。

这本著作是用大学教科书体例写成，采用纲目的形式来撰写中国的通史。书中对中国历史的发展大势及各时期的特点均有阐述，极为简明而有系统，于纷繁错杂的史料中，有宏观的把握。内容于学术思想、政治制度、社会风气、国际形势，兼有顾及。

本书的引论部分还体现了钱穆的史观以及历史研究方法。他认为研究历史需要研究朝代的"同"与"异"。他针对史学研究的三个派别，传统派、革新派和科学派，在分析其优缺点的基础上提出自己的看法：他强调在厘清历史事实的基础上，根据历史事实来阐发其意义，这样便能集三家之优点于一身，而这也正是史学的真正价值及其生命力之所在。另外，钱穆在史观上最重要的观点还在于，他认为中国历史的最重要影响因素是人事，而不是其他。

全书的主要内容是关于中国五千年历史的，讲明各个朝代许多方面的相互影响，及先后的演变发展，以此作为国人应付现实时代的种种变化的借镜。正如钱穆自己所说："惟但求其通为一体，明其治乱盛衰之所由，开其一贯相承之为统，以指陈吾国家民族生命精神之所寄。"

【必读理由】

一本很好的爱国主义教育书

钱穆撰写《国史大纲》，采取绵延的观点了解历史之流，坚持国人必须对国史具有温情和敬意，以激发对本国历史文化爱惜保护的热情与挚意，阐扬民族文化史观。为此，他在本书开篇写道：

"凡读本书请先具以下诸信念：

一、当信任何一国之国民，尤其是自称知识在平均线水平以上之国民，对其本国历史，应该略有所知。否则最多只算一有知识的人，不能算一有知识的国民。

二、所谓对其本国以往历史略有所知者，尤必附随一种对其本国以往历史之温情与敬意。否则只算知道了一些外国史，不得云对本国史有知识。

三、所谓对其本国以往历史有一种温情与敬意者，至少不会对其本国以往历史抱一种偏激的虚无主义。即视本国以往历史为无一点有价值，亦无一处足以使彼满意。亦至少不会感到现在我们是站在以往历史最高之顶点，此乃一种浅薄狂妄的进化观。而将我们当身种种罪恶与弱点，一切诿卸与古人。此乃一种似是而非之文化自遣。

四、当信每一国家必待其国民具备上列诸条件者比数渐多，其国家乃再有向前发展之希望。否则其所改进，等于一个被征服国或次殖民地之改进，对其国家自身不发生关系。换言之，此种改进，无异是一种变相的文化征服，乃其文化自身之萎缩与消灭，并非其文化自身之转变与发皇。"

这种对于国家民族历史的感情和信念至今仍振聋发聩，具有教育意义。

当然，钱穆并不是全盘美化我们民族的历史。在全书的序言中，他就说得很清楚，他反对两种倾向：一种是全盘否定，以为整个中国封建史就是黑暗专制的代名词，没有任何光明可言；一种是全盘美化，以为民族的就是世界的。钱穆想要传达这样一种思想：不能理性对待国史不能算是懂得历史的人，不懂历史就不是一个有知识的公民。要对本国的历史有一种敬畏之心，知道本民族繁衍生息之不易，同时又要明白中国落后之根源。作为一本教科书，《国史大纲》达到了目的，它明白无误地表明了钱穆的理性、进步的历史观。由此可见，钱穆的《国史大纲》的确是一本很好的爱国主义教育书。

中国通史的最佳著作

这本著作被公推为中国通史最佳著作。

本书采用纲目的形式来撰写中国的通史，尽管有很多地方相当简略，但仍能较好地反映出中国历史的大概面貌。而更多详尽的史实需要另外寻找材料阅读和研究，这也符合探索学习的要求。全书充满条分缕析的分析和多如浩海又恰到好处的史实，任何关心历史的人都会爱不释卷。

这本书信息量很大，正文部分，几乎每句话必有若干注释与解释，所引史料之广博，让人钦佩作者做学问之谨慎。然而全书又极为简明有系统，虽句句有例证支持，又不纠缠于一事一物。作者通常会根据某个朝代的最著名特点，来展开叙述。这也反映了作者历史研究的一个观点，即研究历史需要研究朝代的"同"与"异"，前者即中国历史的延续性，反映了中国的传统，后者则体现了各朝各代的特色。

全书从政治制度、经济状况和思想文化三个方面梳理社会的变化，但作者并没有将它们混合在一起来讲述，而是在某一具体时期，重点论述其中的某一部分。例如：战国时期以思想流变为核心，两汉以制度变化为核心，三国两晋南北朝以思想和经济变化为核心。

《国史大纲》被推为中国通史的最佳著作，其非凡的语言表述功力也功不可没。不同于一般历史教科书的生硬无趣，这本书文笔流畅，叙述清晰扼要，例如关于周代华夷杂处的局面，关于春秋战国文化思想的流变，关于西汉与匈奴和东汉与西羌的比较……阐述历史场面时能以简驭繁，读过后让人有清晰流畅、豁然开朗的感觉。

【阅读指导】

这本书的序言部分应当重点研读。我们在阅读时应该联想、感受文字背后那位著者的人格精神。

对于书中传达的一些观点，我们在阅读的时候应该辩证地去认识。例如，钱穆的史观总体来说带有保守性，从他过分强调农民起义的负面作用这一点可以看出，不过，这也给了我们新的认识角度，使我们看到农民起义并不总是充满了进步性，它也夹杂着巨大的破坏性，以及因为从事政治斗争而必然带有的政治性，也就是会为了目标而不择手段。

最有特色的西方哲学史著作
——《西方哲学史》

作　　者：罗素

成书年代：1945年

必读理由：文质兼美的哲学理论书

　　　　　一部西方思想智慧的史诗

【作者简介】

20世纪具有世界影响力的人物

　　伯特兰·亚瑟·威廉·罗素（1872—1970年），生于英格兰的一个英国自由党贵族家庭。1890年进剑桥大学三一学院学习，1893年获数学荣誉学士学位一级，接着改学哲学，于1894年获道德哲学荣誉学士学位一级。毕业后曾游学德国学经济，受马克思主义影响。回国后，在伦敦大学政治和经济学院任讲师。1914年加入工党。第一次世界大战期间，因参加和平主义者的活动，被处罚金，革职入狱。1920年访问中国和苏联。晚年，反对帝国主义侵略战争，曾参与召开国际战争罪审判法庭。

　　罗素一生致力于哲学的大众化、普及化。他的著作颇丰，给后人留下了70多部论著和几千篇论文，涉及哲学、数学、伦理、政治、历史、文学以及教育等诸多领域。1901年他发现了著名的罗素悖论，引发了20世纪初对数学基础的危机。他与英国数学家、哲学家怀特海合作，于1913年完成了名著《数学原理》，对逻辑学、数学、集合论、语言学和分析哲学有着巨大影响，他也因此成为逻辑主义的代表人物。他的文字清新流利，受到各阶层的广泛欢迎，并于1950年获诺贝尔文学奖。

　　罗素还是一位蜚声国际的和平主义社会活动家。他于1964年创立罗素和平基金会，开展反对核战争威胁的国际和平运动，致力于与和平、社会正义及人权有关的问题。

【内容精要】

西方文明的历程

罗素的《西方哲学史》全名叫《西方哲学史及其与从古代到现代的政治、社会情况的联系》，是一部很有特色的讨论西方哲学史的著作，其叙述时间跨度从希腊文明的兴起一直到现代的逻辑分析哲学的出现，涵盖了整个西方文明的历程。

该书的写作目的，是要揭示"哲学乃是社会生活与政治生活的一个组成部分，它并不是卓越的个人所作出的孤立的思考，而是曾经有各种体系盛行过的各种社会性格的产物与成因"。故在这部哲学史中，那些他认为对西方哲学的发展有着重要影响的历史事件和人物，罗素都特别辟专章作了较详细的论述。比如在此书中，他专门分章讨论了雅典和罗马帝国与文化的关系、犹太人的宗教发展、黑暗时期的罗马教皇制、意大利文艺复兴，以及一些通常被认为与哲学并无太大关联的人物如拜伦等。在该书中，罗素特别强调了哲学家们是由其特定的时代所造成的这一基本观点，并特别注意各种思想之间的历史的关联。

【必读理由】

文质兼美的哲学理论书

在世界哲学理论宝库中，由名家撰写的《西方哲学史》不止一部，而罗素的这部著作却颇具特色。其最突出的特点是它所论述的主题：哲学不是卓越的个人所做的独立的思考，而是社会政治生活的一个组成部分，是"各种社会性格的产物与成因"，"人们生活的环境在决定他们的哲学上起着很大的作用，然而反过来他们的哲学又在决定他们的环境上起着很大的作用"。作者把哲学家既看作果，也视为因，认为他们是他们时代的社会环境和政治制度的结果，也可能是塑造后来时代的政治制度信仰的原因。正因如此，全书在讨论哲学派别和哲学家时，往往并不看其学术地位，而是按照其对西方哲学发展的影响来决定详略取舍。

另外，罗素主张在哲学史中要插入一些纯粹社会史性质的篇章，不这样做就很难理解某一时期的哲学思潮，因而书中对一般历史的叙述也比同类著作要多。罗素不仅讨论该书中主要人物的生活、历史背景、社会环境和他们的哲学系统，他随后还饶有兴致地解释他们错在哪里以及为何出错。因此《西方哲学史》经常被看成既是关于书中人物哲学也是关于罗素自己哲学的一部著作。

阅读此书不仅可以对西方主要的哲学家及其思想有一个大体的了解，对各个哲学流派思想的源流和发展有个结构的认识，还可以了解西方历史上的一些重要的事件、人物、发展阶段及其与特定的哲学之间的关联。

值得一提的是，尽管此书是一部介绍哲学史的著作，但因为书中文字优美流畅，注释旁征博引，读起来并无枯燥晦涩之感，所以其文学价值也很高。1950年罗素获得诺贝尔文学奖，此书就提供了很大的帮助。

一部西方思想智慧的史诗

罗素认为：西方文明的价值精髓在于对价值本身的追求。在西方文明的数千年历程中，一位位思想者前赴后继书写了智慧的史诗。罗素将哲学看作某种介乎神学和宗教之间的东西，基于对哲学的这种理解，他认为西方哲学在发展过程中始终受到来自科学和宗教两方面的影响，并据此把西方哲学发展史划分为古代哲学、天主教哲学和近代哲学三个时期。

古典希腊之于西方文明的意义，犹如一股神奇的力量，它以巴尔干半岛为支点，撬起并搅活了整个蔚蓝的地中海世界。希腊城邦创制并实践了各种政治体例，影响至今；毕达哥拉斯、柏拉图和亚里士多德等为后世的哲学和科学研究开创了范式；希腊天才们在文学、艺术、数学等方面也达到了惊人的成就；古罗马这个庞大帝国的数百年的存在，第一次在欧洲形成了大一统的意识形态，而在此期间产生的基督教则持久而深远地影响了西方文明的近两千年的发展走向。

宗教改革使信仰基本成为个人与上帝之间的直接对话。一万个人便有一万种对上帝的理解。受此影响，欧洲近代哲学从"我思故我在"的笛卡尔开始便具有了深刻的主观主义与个人主义色彩。无论是欧陆的理性主义，还是英伦的经验主义，皆是如此。在科学进步的鼓舞之下，乐观主义的情绪在启蒙思想家们身上有着程度不同的体现。他们认为只要诉诸人的理性便能为全人类找到一条通往幸福的道路，而不必将希望寄托到彼岸世界。他们满怀信心地开始了一场现代性的宏伟设计，沿着认识论和本体论两条道路前进。以洛克、休谟为代表的经验主义和以斯宾诺莎、康德、黑格尔为代表的理性主义不断争夺着真理的话语权。而卢梭、叔本华和尼采则把主观主义的哲学思潮推向了政治学、伦理学与美学。

19世纪的俄国思想家们在国家不断的挫折中开始反思并表达着对人类命运的思考。陀思妥耶夫斯基则已经开始在他的《罪与罚》、《白痴》、《卡拉马佐夫兄弟》等一系列作品中痛苦地思索上帝是否存在。他的思考给时代的哲学思潮带来了强烈的冲击,预示着欧洲哲学开始进入了批判的时代。陀思妥耶夫斯基的思考为尼采带来了灵感与动力,他以宣告上帝死亡的方式将基督教价值体系的大厦彻底摧毁。

二战后,人类不仅需要在战争的废墟上重建繁荣,更需要在价值的废墟上,继续寻找人类生存的理由和意义。

阅读罗素的《西方哲学史》,会让人再次激动于西方文明的波澜壮阔;感动于思想者对价值追求的坚定执著。

【 阅读指导 】

由于本书是按历史顺序评述撰写的,内容之间也有因果等逻辑关系,所以我们在阅读时最好遵循章节的先后顺序,这样能更好地把握本书的理论系统。

另外,从该书的序言和绪论可见作者的写作目的、哲学思想和所要论述的主题等,所以这部分应该重点研读。

了解中国哲学的最佳著作
——《中国哲学简史》

作　　者：冯友兰

成书年代：1948年

必读理由：学习中国哲学和哲学史的最佳选择

【作者简介】

中国当代著名哲学家

　　冯友兰（1895—1990年），字芝生，河南南阳唐河县人，中国哲学家、哲学史家。冯友兰出生在一个"诗礼人家"，家境殷富，极重教育。早期确立了新实在主义的哲学信仰，并把新实在主义同程朱理学相结合。20世纪五六十年代放弃其新理学体系，接受马克思主义。

　　冯友兰曾获哥伦比亚大学哲学博士学位，历任中州大学（现在的河南大学）、广东大学（现在的中山大学）、燕京大学教授，清华大学文学院院长兼哲学系主任，西南联大哲学系教授兼文学院院长，清华大学校务会议主席，北京大学哲学系教授。冯友兰除长期从事教学工作外，还撰写了大量哲学与哲学史著作，代表作有《中国哲学史》、《中国哲学简史》、《中国哲学史新编》等。其哲学作品为中国哲学史的学科建设做出了重大贡献。

【内容精要】

中国哲学史和中国哲学的独特性

　　本书以20余万字述几千年中国哲学史，为读者详尽介绍了中国哲学发展的各个时期的背景与状态，呈现了中国哲学发展的每一步：儒家思想、百家争鸣、禅宗佛教直到西方哲学观的引进，选材精当，文笔精妙，深入浅出。

　　本书是冯友兰哲学与思想熔铸的结晶，打通古今中外的相关知识，其中充满睿智与哲人洞见。冯友兰认为哲学是对人生的系统的反思，任何哲学中都必然有宇宙论、人生论和知识论，中国哲学的精神就表现为这三论的统一，指出了中国哲学的特殊性。他认为在中国哲学中，无论哪派哲学，其哲学思想也是其政治思想。

中国哲学与西方哲学的巨大不同，归根结底是东西方文明的差异，是海洋文明与大陆文明的差异。中国哲学与西方哲学的不同主要体现在方法论上，一种来自直觉，一种来自假定。古希腊的哲学家认为"无"和无限低于"有"和有限，而中国哲学家却正好相反。这是因为古希腊基于海洋文明，其哲学观念从假定出发，所以他们喜欢明确的东西；中国哲学基本是"农民的概念"，农民认识的东西就是直接能看到的东西，农民看为宝贵的东西也是直接能认知的东西，这就无怪反映他们思想的哲学家们也同样把直接认知的东西看为哲学思维的出发点。这样就不难理解中国哲学家为什么觉得"无限"大于"有限"。中国哲学的语言不代表用理性演绎得出的概念，所以中国哲学家的语言往往只作提示而并不明确。

冯友兰还指出，中国传统哲学的功能不是为了增进正面的知识（指对客观事物的信息），而是为了提高人的心灵，超越现实世界，体验高于道德的价值。

【必读理由】
学习中国哲学和哲学史的最佳选择

冯友兰的《中国哲学简史》是学习中国哲学，特别是中国哲学史的最好选择之一。其理由有以下三个：

第一，《中国哲学简史》书小容量大，由浅入深地讲解了中国整个哲学史的发展历程与前后因果。冯友兰在该书的自序里就说，此书"譬如画图，小景之中，形神自足。非全史在胸，易克臻此"。看过这本书的人都会赞同作者的说法，认为此书"择焉虽精而语焉尤详也"。

第二，这部理论著作文体畅晓，易于理解。许多读者都有同感：读冯友兰的书，你或许不同意他的某些观点，但你绝不会不明白他的观点。冯友兰的渊博知识和高超文采，在这本书中处处体现。大量的引据论证，让读者畅游在哲学发展的路上，大饱对哲学世界的好奇心。

第三，这本书视野开阔，为我们理解中国哲学提供了一个较高的平台。冯友兰运用史料时是史家，探讨问题时却是哲学家。他轻松驾驭着中国哲学史和西方哲学史这两部历史，来写作这部《中国哲学简史》，思想资料是中国的，考虑哲学问题的眼光却是世界的。这本篇幅有限的哲学史专著，视野开阔，打通了古今中外的相关知识，虽是蜻蜓点水，仍不失哲人洞见。特别是作者对现实问题的关怀，颇具"读书不忘救国，救国不忘读书"的爱国风范，是迄今在国际学术界也还没有第二位能做到的。

《中国哲学简史》是西方各国大学中国哲学史课程必用的教科书，也是西方了解中国哲学的最佳入门途径，对于今日中国的读者来说，也不失为一本教益丰厚的文化经典。

【阅读指导】

这本书的第一章、第二章"中国哲学的精神"、"中国哲学的背景"是总纲，集中体现了冯友兰的哲学观点，应仔细研读。

第四章至第二十六章，是分别介绍中国各个哲学流派的思想及其代表人物，我们在通读过后，可以选择自己感兴趣的流派和人物，重点阅读相对应的章节。

美学名家的美学名著
——《朱光潜美学文集》

作　　者：朱光潜

成书年代：20世纪70年代末

必读理由：美学之于我们的根本意义

　　　　　一部深入浅出的美学著作集子

【作者简介】

中国现代美学名家

朱光潜（1897—1986年），笔名孟实、盟石，安徽桐城人。15岁就读桐城中学时，受国文教师潘季野熏陶而对中国旧诗产生浓厚兴趣。后来，他考取北洋政府教育部派送生，到英国人办的香港大学学教育。民国七年（1918年）至民国十一年，学习了英国语言和文学、教育学、生物学、心理学等课程，奠定了一生教育活动和学术活动的方向。民国十四年夏开始长达8年的英法留学生活，其间发表《给青年十二封信》、《文艺心理学》、《变态心理学》等著作，译著意大利著名文艺批评家克罗齐的《美学原理》。

朱光潜视野开阔，对中西文化都有很高的造诣，他的数量众多的著作和译文，为中国的美学研究和文艺理论研究铺平了前进的道路。他在我国文学史和美学发展史上享有重要的地位，是我国近代继王国维后的一代美学宗师，并享有很高的国际声誉。

【内容精要】

朱光潜美学思想

美学文集共分五卷。第一、二两卷，收有朱光潜新中国成立前写作的《文艺心理学》、《变态心理学》、《谈美》、《诗论》、《谈文学》、《克罗齐哲学述评》和部分单篇论文；第三、四两卷，收有朱光潜新中国成立后写作的单篇论文和《西方美学史》；第五卷收有《美学书简》和全部美学译著的后记，另外还有作者早年用英文写作的《悲剧心理学》的中文译本。

文集的第一卷、第二卷反映了他新中国成立前的美学思想。在这一时期，他受克罗齐和德国某些心理学派的影响，从心理学的角度研究美和美感，提出了"美是心灵的创造"的看法，从心与物的关系上论证美与美感的性质。在这段时期，他的美学观点基本上是唯心主义的。尽管如此，他对审美心理现象的描述和分析仍包含着一定的合理性，在美学史上具有很大的价值。

文集的第三卷、第四卷反映了他新中国成立后的美学思想。在这一时期，他通过对过去唯心主义美学思想的自我评判，提出了"美的主客观的辩证统一"的观点。他还用马克思主义经典作家关于实践的观点作指导，发展自己的美学思想，用实践观点解释艺术，把艺术看作人改造自然，也改造自己的实践活动的一个必然的组成部分。

文集的第五卷总结了美学的一些基本要素和概念理念，既有抽象理论，也有方法论。

【必读理由】

美学之于我们的根本意义

读朱光潜的著作最根本的意义就是，让我们能够更充分了解和掌握绘画、舞蹈、雕塑、音乐、文学艺术等学科的运动规律，通过对这些规律的掌握，让我们在生活方式上产生更大的改变，在精神上获得更多的自由。更重要的是，让我们建立审美观，培养审美能力，提升审美品位；让我们学会感受美和创造美，使我们的审美欣赏有所根据，使美学成为一种精神哲学。

一部深入浅出的美学著作集子

这部文集收集了朱光潜所有的重要著作，例如《西方美学史》、《给青年的十二封信》、《谈美》、《文艺心理学》、《诗论》等。通过这部文集，我们追随他的足迹，耐心地省察他50多年的经历，和他一同经历他几十年间对美及艺术问题的是是非非、反反复复的苦思。

《西方美学史》是目前唯一的一部全面评介西方美学的著作。该著作并不单一的只是纯粹美学理论的历史，而且还是人类心灵自我展现的历史，在那些看似抽象的理论背后，我们所感受到的乃是各个时代人类精神脉搏的跳动。

《给青年的十二封信》以书信方式，结合文艺、美学、哲学、道德、政治等，给青年谈论修养，指点迷津。所谈问题十分贴近学生、青年探寻人生道路时的种种迷茫、彷徨、苦闷心情。

《谈美》是朱光潜建立其早期美学理论体系的重要著作之一，同时也是以书信形式为青年所写的一本美学入门书。全书以"谈美"为"免俗""人心净化"的目标出发，顺着美从哪里来、美是什么及美的特点这一脉络层层展开，娓娓道来，抒发了这位美学大家的人格理想、审美理想，提出了他的美学研究的理想目标——"人生的艺术化"。其中也渗透了朱光潜先生对艺术与人生关系的深刻体悟。

《文艺心理学》是一本从心理的角度出发，告诉我们什么才是美的书。它系统介绍了西方现代美学著作，行文如行云流水，飘逸洒脱，读者能从其中得到一种开启心智的愉悦。

《诗论》借西方诗论来研究中国诗歌，用中国诗歌来印证西方诗论，是一本开创性的著作。本书内容涉及诗歌与音乐、舞蹈、绘画、散文、赋等的关系，同时深刻地探讨了诗歌的体例特点及未来中国诗歌的走向，读来发人深省。

总之，这部文集是一位美学老人追求真理的宝贵成果，是对后辈学人语重心长的美学诤言。不仅如此，这部文集还是一部极好的美学理论入门书籍，因为朱光潜讲述任何主题时总能简单明了，深入浅出，概念分析得井井有条。读过这部文集，再去读西方的康德或者克罗齐，就会省力很多。

【 阅 读 指 导 】

朱光潜的文笔朴实流畅，即使是说大道理也不会让人觉得枯燥。文章结构逻辑严密，关键词句表达简洁而清晰。我们在阅读时应有意识地总结并学习这些优点，这样就能在获得美学知识之余，又提高了自己的思维能力以及表达能力。

中国美学的经典之作
——《美的历程》

作　　者：李泽厚

成书年代：1981年

必读理由：一本了解中国古代艺术的很好读物

【 作者简介 】

20世纪80年代 "文化热"中的学术领袖

　　李泽厚，著名哲学家，湖南长沙人，生于1930年6月，1954毕业于北京大学哲学系，曾任中国社会科学院哲学研究所研究员、巴黎国际哲学院院士、美国科罗拉多学院荣誉人文学博士。李泽厚曾参与20世纪50年代的美学争论，80年代以高扬人的主体性、崇尚康德、倡导美学热而著称于世，被称为"青年导师"。90年代以后，李泽厚旅居美国，宣扬儒家主情论。

【 内容精要 】

对中国古典文艺发展历程的分析与说明

　　《美的历程》是中国美学的经典之作，凝聚了李泽厚的多年研究成果。他把中国人古往今来对美的感觉玲珑剔透地展现在大家眼前，具体地展现出中国这段波澜壮阔的美的历程。

　　《美的历程》全书共分十章，每一章评述一个重要时期的艺术风神或某一艺术门类的发展。《美的历程》并不是一部一般意义上的艺术史著作，重点不在于具体艺术作品的细部赏析，而是以人类学本体论的美学观，把审美、艺术与整个历史进程有机地联系起来，点面结合，揭示出各种社会因素对于审美和艺术的作用以及影响，对中国古典文艺的发展作出了概括性的分析与说明。

【必读理由】

一本了解中国古代艺术的很好读物

《美的历程》是李泽厚在新时期的重要著作，它把数千年的文艺、美学纳入时代精神的框架内，揭示了众多美学现象的历史积淀和心理积淀，具有浑厚的整体感与深刻的历史感。李泽厚认为"哲学是时代的灵魂"，在这本书中，他展示了以哲学统摄的时代精神为线索的精神史模式，视角独特，见解深邃。该书夹叙夹议，见解精到，文字简洁，明白晓畅，曾影响了一代青年，引导了一批又一批的读者步入美的殿堂。

这本书从宏观鸟瞰角度对中国数千年的艺术、文学作了概括描述和美学把握。其中提出了诸如原始远古艺术的"龙飞凤舞"，殷周青铜器艺术的"狞厉的美"，先秦理性精神的"儒道互补"，楚辞、汉赋、汉画像石之"浪漫主义"，"人的觉醒"的魏晋风度，六朝、唐、宋佛像雕塑，宋元山水绘画以及诗、词、曲各具审美三品类，明清时期小说、戏曲由浪漫而感伤而现实之变迁等等重要观念，多发前人之所未发。

在本书中，作者以细密的考察论述了绘画、雕塑、建筑、文学、书法等艺术门类在各个时代的兴起与演变。并在充足的个例分析之下以高度凝练的语言指出了各个重要时代的艺术精神：汉代文艺反映了事功、行动，魏晋风度、北朝雕塑表现了精神、思辨，唐诗宋词、宋元山水展示了襟怀、意绪，以小说戏曲为代表的明清文艺所描绘的则是世俗人情。

《美的历程》能在短时间内让人大致全面了解中国古代艺术，得到美的熏陶，确实是一部很好的读物，值得我们反复品读。

【阅读指导】

该书有许多经典的论述，我们在阅读时可以选择一些摘抄下来。另外，这本书涉及很多中国文学和历史等方面的知识，我们最好将这本书的阅读和《中国史纲要》、《中国文学史纲要》的阅读结合起来，这样能够形成丰富而立体的文史哲知识框架，也能够加深对该书的理解。

最积极的励志书：激活生命的无尽能量

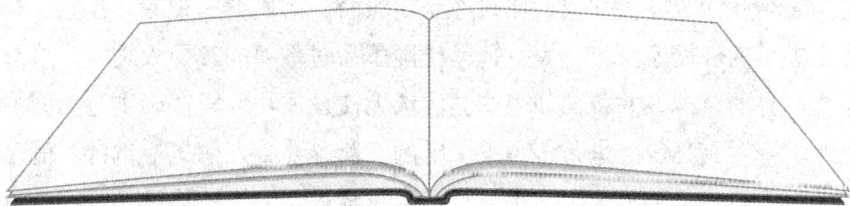

经久不衰的励志奇书
——《富兰克林自传》

作　　者：本杰明·富兰克林

成书年代：1771年出版，富兰克林于1784年、1788年续写第二、第三部分

必读理由：向富兰克林学习成功秘诀

【作者简介】

最杰出的美国人之一

本杰明·富兰克林（1706—1790年），出生于美国马萨诸塞州波士顿，是美国著名政治家、科学家，同时亦是出版商、印刷商、记者、作家、慈善家，更是杰出的外交家及发明家。他是美国革命时重要的领导人之一，参与了多项重要文件的草拟，并曾出任美国驻法国大使，成功取得法国支持美国独立。本杰明·富兰克林曾经进行多项关于电的实验，并且发明了避雷针。他还发明了双焦点眼镜、蛙鞋等等。本杰明·富兰克林是共济会的成员，被选为英国皇家学会院士。他亦是美国首位邮政局长。

本杰明·富兰克林，被举世公认为现代文明之父、美国人的象征。

【内容精要】

富兰克林的人生经历

本书是富兰克林晚年根据自己的经历写成的《自传》，讲述了自己不断成长不断创造的人生经历。

《富兰克林自传》这本书共有四篇。第一篇主要写富兰克林年少时如何自学成才以及个人事业的发展；第二篇讲述了富兰克林本人对读书的乐趣、道德圆满计划的实施、日常生活的时间分配计划表；第三篇写富兰克林如何苦学多种外语、热心开展公益事业以及对自然科学的贡献；最后一篇因他未写完就撒手人寰，只是介绍了他本人的第一次外交使命。

富兰克林在讲述自己的人生经历时还附带地讲到自己的一些人生体会，以及他在为人处世上的一些方式方法。

向富兰克林学习成功秘诀

世界各地的青年人都希望学习富兰克林成功的秘诀，许多人因为这本书而彻底改变了自己的人生，走上了成功的道路。通过这本书，我们可以了解到富兰克林之所以成功的许多原因，这些原因正是我们可以学到的成功秘诀。

一、丰富的阅读造就非凡的才能。

富兰克林出生于美国一个并不富裕的家庭。他只读过两年小学，12岁在其哥哥的印刷厂里打杂的时候，偶然的机会接触到一些诗集，开始迷上了阅读。为了阅读，他省下微薄的生活费用于购书，并且结交一些书店里的店员，在夜里偷偷借书，清晨归还，他读的书涉及历史、哲学、诗歌等等。阅读给了他丰富的知识，也培养了他许多杰出的能力。在后来的几十年里，他始终坚持学习。

丰富的阅读造就了非凡的富兰克林。在书中，他把自己的才学归功于阅读。这一点对于我们每个人都极富启迪意义。

二、青年时期养成勤劳的习惯至关重要。

在刚满17岁的时候，他离开了波士顿，来到了费城。在那里，勤奋的工作加上一帆风顺的机遇，使这位身无分文的年轻印刷工人获得了受人尊敬的地位。开办印刷所时，他的勤劳高出他同行中的任何一个人。当人们已经就寝时，他在工作；当邻居们起床时，他也在工作。这样的勤劳让他创造了财富，赢得了他人的信任与尊重，同时也有了口碑，也就有了影响力，为他的事业添加了一份助推剂。

他让读者明白：一个人在青年时期养成勤劳的良好习惯非常重要。

三、知错就改，严格要求自己。

富兰克林在做事业时，也犯过很多过错，然而他积极思考，从中吸取教训。他为自己制定了13条行为规范，并且严格执行，从而为自己铺就了成功的道路。悖理的习惯必须废除，良好的习惯必须获得和确立，这便是他的道德圆满计划，值得我们每一个人效仿和借鉴。

四、想到的事情马上去做。

富兰克林具有发明家的头脑。只要他认为可以用另一种办法把事情办得更好，他就立刻动手把他实施起来。因此，他发明了现代化的街灯，造出了散热效果较好的炉灶，并且倡议城镇设立了警察局、消防队和公共图书馆。

五、愿意与人交往。

善于交际也是他成功的秘诀之一。富兰克林是一个非常愿意与人交往的人，他对周围的一切都有浓厚的兴趣，竭力想理解和认识一切。他喜欢与聪明、有学识的人会见，同有趣的人交谈。这不仅让他增广了见识，结识了许多朋友，拓开了发展事业的人脉，还让他的生活充满乐趣。

六、为人处世受人欢迎。

我们从他的自传中还能学到一些为人处世之道：他虽然时常为自己的成就自豪，却又告诫自己应该谦虚谨慎。他曾用庄重的语言为他的美国同胞向欧洲强国争夺权益，而讲话时却笑容可掬。因此，他总是能够有效地影响他人，并且到哪都受到欢迎。

一个伟大的人物，一位饱经风霜的老人，以拉家常的方式，把自己成功的经验和失败的教训娓娓道来，整部自传既无哗众取宠之处，又不盛气凌人，在通俗易懂的叙述中不断闪现睿智和哲理的火花。朴素幽默的文字，清楚简洁的叙事，使读者备感亲切而乐于接受书中所有的成功秘诀和建议。

【 阅读指导 】

《富兰克林自传》是本通俗易懂的书，不存在阅读的障碍。我们在阅读时最好记下其中的要点，摘出其中精彩的话，写出自己的看法，以便加深印象，不会遗忘。

如果在阅读前能稍微了解一下富兰克林生活的时代背景，能加深对他人生经历的理解。

影响了美国几代人的励志书

——《自立》

作　　者：爱默生

成书年代：1841年

必读理由："自立"思想激励了美国民族精神的发展

　　　　　振奋人心的"爱默生风格"

【作者简介】

美国超验主义哲学的代表

拉尔夫·瓦尔多·爱默生（1803—1882年），美国散文作家、思想家、诗人。他出身于牧师家庭，从哈佛大学毕业后游历欧洲，结交散文大师卡莱尔，结识了浪漫主义先驱华兹华斯和柯尔律治，接受了他们的先验论思想，这些对他思想体系的形成具有很大影响。

1834年，游历归来的爱默生迁居康科德镇，潜心读书写作，发起"超验主义俱乐部"，成为美国超验主义哲学的代表。爱默生一生著述丰富，大多为散文，其中最为重要的代表作是《自立》。

爱默生不仅对美国文学影响巨大，被认为"有了爱默生，美国文学才真正诞生"，而且也是美国思想史上举足轻重的人物，他的自立主张、民权观念等对美国人民影响深远。文学评论家劳伦斯·布尔在《爱默生传》中说，爱默生与他的学说，是美国最重要的世俗宗教。

【内容精要】

自立思想的内涵

《自立》是爱默生思想集大成之作，它号召美国人若要取得成功，不要依赖他人，而要依靠自己。每个人都有自己的天赋，只有在自己的行动中，才能发现自己，才是向世界宣布他具有怎样的价值的最好方式。

他宣称，每个人都是自立自足的。他反复强调，每个人的力量均寓于自身之中。充分肯定人身上蕴含着的巨大潜能，他进而把视野扩展到大自然，把自给自足上升到大千世界的一般规律来看待。

爱默生非常重视信仰的力量，他鼓励人们重新树立对人类的自豪感："世界微不足道，而人，才是一切。"他告诉人们：不能没有信仰，理当整合千万年来所有人类的所有文化，深入聆听发自自己生命肺腑的声音，并从时代的变革中汲取营养，重建自己时代的信仰。只有这样，人类才能高挂信仰的风帆，驶向更加美妙的远方。

身为美国人，爱默生赞扬美国人的伟大精神："信赖你自己"，"羡慕是愚昧"，"模仿是自杀"，"谁想成为一个人就一定不要墨守成规"。

爱默生这本著作中最宝贵的东西，是他的人本思想。从这一点出发，他大声疾呼教育的重要性，尤其是人文教育。他强调"世界微不足道，而人才是一切"，"世界上一切伟大光辉的事业都比不上人的教育"。

【必读理由】
"自立"思想激励了美国民族精神的发展

爱默生被称为"美国精神先知"，"美国的孔子"（林肯语），"确立美国文化精神的代表人物，就像雨果对于法国或是托尔斯泰对于俄国，爱默生确立了美国模式"（约翰逊）。《自立》的许多观点被历史证明都具有先知性。当代美国文学批评权威哈罗德·布罗姆教授甚至称他的"自立"思想是美国的宗教。

爱默生在这本书中写到，他认为人和自然界都具有"神性"。既然"人是自己的神"，人就应该相信自己，而不应崇拜古人，依赖外国。他说："人应当学会捕捉、观察的是发自内心的闪光，而不是诗人和伟人们的圣光。"为此，他呼吁："我们要用自己的脚走路，用自己的手操作，说自己心里想说的话。"爱默生的观点反映了资本主义上升时期的时代精神："一个人一定能够成为他想成为的人。"这种自立精神，激励了美国民族精神的发展和完善。

"依靠自我，尊重自我，独立自助，崇尚个性"，这是美国精神的突出特征，也是美国企业文化的精髓，美国社会的迅猛发展与美国个人才智的充分展现，正与这种精神息息相关。"美洲大陆的懒散智力，将要睁开它惺忪的眼睑……我们依赖旁人的日子，我们师从他国的长期学徒时代即将结束。"洋溢在《美国学者》中的激情与信心，后来被普遍视作美国的"思想独立宣言"。那场并不出色的演讲，被神话成美国精神觉醒的标志。爱默生成为那个时代当之无愧的代表人物，他的精神活动支配了整个19世纪美国的精神气质。

历史上，众多励志大师如戴尔·卡耐基、拿破仑·希尔、奥格·曼狄诺等都曾经受到了爱默生"依靠自我，尊重自我"思想的影响和启发。

振奋人心的"爱默生风格"

爱默生在这本书中宣扬的自立思想，为我们展现了一个奇异瑰丽、昂扬向上的精神世界，这些思想本身就具有振奋人心的作用。而爱默生兼擅诗歌和散文的长才在这本书中也得到了很大的发挥。全书没有过分注重辞藻的华丽，行文犹如格言，哲理深入浅出，说服力强，具有典型的"爱默生风格"。有人评价说"爱默生似乎只写警句"。书中，那些值得在清晨诵读的振奋人心的句子俯拾即是，我们且举两个例子：

"顺从内心的召唤，你就是宇宙中最伟大的天才。"

"奋发向上吧，悲伤的年轻人，要让自己发光。"

爱默生的警句往往像一位优秀的牧师布道一样具有充沛的情感，非常能够打动人、鼓舞人、振奋人。所以，时至今日，他的《自立》仍旧具有感动读者、启发读者的效应。

【 阅读指导 】

爱默生是个热爱演讲的人，他在写作《自立》一书的时候，也把演讲的风格带进了书中，即他的"爱默生风格"。因此，我们在阅读此书的时候，可以选择朗读的方式，通过声音的高低顿挫、轻重缓急，来加深对作者思想的感悟。

这本书中有许多富有指导意义的格言警句，我们在阅读过程中遇到时，可以把它们摘抄出来，方便日后诵读品味。

一部成功学圣经
——《把信送给加西亚》

作　　者：阿尔伯特·哈伯德

成书年代：1899年

必读理由："成功学的圣经"——指出一条通向卓越的道路

【 作者简介 】

著名的出版家和作家

　　阿尔伯特·哈伯德（1856—1915年），美国著名出版家和作家。他出生于美国伊利诺伊州的布鲁明顿，父亲既是农场主又是乡村医生。他在塔福学院获得学士学位，又在芝加哥大礼堂获得法学博士学位。他曾经做过教师、出版商、编辑和演说家。1895年，他在纽约东奥罗拉创立了罗伊克夫特公司，制造和销售各种手工艺品，随后又开设了一家印刷装订厂。1899年，他根据安德鲁·萨默斯·罗文的英勇事迹，创作了鼓舞人心的《把信送给加西亚》。

　　哈伯德终生致力于出版和写作，除了为自创的两份杂志撰稿外，其主要著作还有《短暂的旅行》、《现在的力量》、《自己是最大的敌人》、《一天》等。

【 内容精要 】

"把信送给加西亚"的传奇故事

　　本书讲述了一个"把信送给加西亚"的传奇故事。

　　1898年4月，美国与西班牙之间发生了争夺殖民地的战争。当时的美国总统麦金莱有一封具有战略意义的书信，急需送到古巴盟军将领加西亚的手中。可是，加西亚将军在古巴丛林里，没有人知道确切的地点。有谁能够顺利且快速地把这封信送到加西亚手里呢？军事情报局推荐了安德鲁·罗文，一位年轻的美国陆军中尉。

罗文接过信之后，面对艰巨的任务，二话不说，就在孤身一人没有任何护卫的情况下，立刻出发了。一直到他秘密登陆古巴岛，古巴的爱国者们才给他派了几名当地的向导。然后他徒步走过危机四伏的古巴，把信送给了加西亚将军——一个掌握着决定性力量的人。

【必读理由】
"成功学的圣经"——指出一条通向卓越的道路

《把信送给加西亚》，一个看似非常简单的小故事后面，实际上蕴藏着很多大道理。甚至时至今日，它依然像一盏指路明灯，为千千万万梦想着成功并在不懈努力的年轻人指出了一条通向卓越的道路。

作者哈伯德认为，罗文之所以能够出色地完成送信使命，主要在于以下一些成功特质：

一、可贵的责任心。故事的主人公罗文从美国总统手中接过信时，并没有问"谁是加西亚？""他在哪儿？"也没有问"为什么要让我去？""如何与他联系？"更没有以谈判的口吻问"这次行动后，我会得到什么奖赏？"或者是磨蹭拖拉，迟迟不肯上路，而是忠于上级的托付，带着一种责任、义务，迎难而上。丛林密布、山峦险峻、蛇毒水臭、蚊虫凶猛、敌军穿梭，他都无所畏惧，出色地完成了使命。

由此可见，取得成功最重要的因素是他可贵的责任心。有责任心，自然会开动脑筋、克服困难、想方设法，从而激发出优秀的执行力。

二、身体好。这是一条常常为人忽视的但相当重要的成功定律。试想：如果罗文没有强健的体魄，他怎么能够日夜兼程地徒步穿越边境，赶赴自然环境恶劣的古巴热带丛林？整整三个星期，他在密林中辗转前行，以一双脚穿越了险恶之地，完成了自己的使命。可见一个人要能够成功，就要充分协调好自己的体能，以便全力以赴，奔向目标。

三、激情和毅力。罗文送信，随时冒着生命危险，不断应对着各种不确定性，没有对事业的激情和顽强的毅力是很难完成这项艰巨任务的。他百折不挠地去达到自己的目标，不计荣辱，只是因为他热爱自己的国家，热爱生他养他的这片土地。很多有激情的人，常常会毅力欠缺，在工作进展顺利的时候，是一个越战越勇的战士，然而，遭遇困难和挫折的时候，因为不能很好地调整好自己的状况，结果走上另一个极端——一蹶不振，甚至彻底放弃。因此，在工作中，我们既要挖掘工作的兴趣点，有激情地去工作，同时，还要不断磨炼意志，锻炼毅力，只有这样，才能表现出色。

以上便是哈伯德从罗文的故事里挖掘出来的成功启示，《把信送给加西亚》这本书因此被誉为"成功学的圣经"。

【 阅读指导 】

这是本通俗易懂的畅销书，我们在阅读时几乎不会有任何阅读障碍，所以只需把自己认为精彩的地方划出来或者做好摘录即可。

《把信送给加西亚》的故事很简单，但其内涵却很丰富，不同的读者往往会有不同的理解。因此，我们在读完后，不妨把自己的看法和见解写下来。

"百万富翁的创造者"
——《思考致富》

作　　者：拿破仑·希尔

成书年代：1937年

必读理由：发人深省的17项成功原则

　　　　　所揭示的秘诀已让多人获得成功

【作者简介】

世界最著名的励志大师之一

　　拿破仑·希尔（1883—1969年），是美国也是世界上最伟大的励志成功大师之一。他出生于美国弗吉尼亚的一个贫寒之家。18岁时，他正上大学，并为一家杂志社工作，有幸被派去采访钢铁大王、人际关系学家卡内基。卡内基不愧为可敬导师，他很快发现了希尔身上的创造性，建议他从事美国成功人士的研究工作。在以后的20年间，已经获得博士学位的拿破仑·希尔访问了包括福特、罗福斯、洛克菲勒、爱迪生、贝尔在内的500多名成功人士，并进行深入的研究，完成了划时代意义的八卷本《成功规律》。1937年希尔又完成了《思考致富》一书，这是他最重要的著作。

　　事实上，他的影响已经远远超出了成功学的范畴。当第一次世界大战爆发时，威尔逊总统用他的励志秘诀训练和鼓舞士兵，筹募军费。1929年经济大崩溃袭击美国后，罗斯福总统把拿破仑·希尔请进白宫，帮助主持著名的"炉边谈话"节目，唤醒美国人民沉睡已久的信心与活力。

【内容精要】

成功哲学和成功秘诀

　　在拿破仑·希尔的诸多著述中，《思考致富》可谓是最重要的作品，它从深层意义上揭秘了一些成功人士所共同具有的特点，为梦想成功的人打开了一扇窗。它超越了金钱的衡量标准，教人实现经济独立与思想富有。

本书分为作者的话、十五章节、行动计划三大部分。

"作者的话"主要讲述了这本书的创作过程。此外，作者也在这里向读者提出了一条重要的秘诀："所有的成就、所有的辛苦所得的财富，都有其意念源泉！如果你已经准备去寻找它，那么你已经拥有了这个秘诀的一半。"

"十五章节"包括"心想才能事成""行动致富""六种恐惧"三大板块。"心想才能事成"版块，主要是让读者对财富首先有一个思考状态，然后是一种心态，一个目的。"行动致富"版块，是具体行动的步骤：（1）欲望；（2）信心；（3）自我暗示；（4）专业知识；（5）想象力；（6）精心策划；（7）决心；（8）毅力；（9）智囊团的力量；（10）感情转换财富的奥秘；（11）潜意识；（12）大脑；（13）第六感。同时，也对进行行动的方案设计以及理论知识的13个方面做了详细介绍。

"行动计划"，是温故而知新的具体体现，以及进行量化考核以及缜密分析的章节，体现作者的良苦用心。

【必读理由】

发人深省的17项成功原则

这本书每一页，甚至每一段都充满了哲理，其中许多道理都是鲜为人知的。本书提出的17项成功原则让许多人受益良多，例如：

一、"勤劳不能致富，思考才能致富。"人类的一切成就都源于思维。人之所以领导其他生物，就在于人的思维能力。卡内基从不名一文的穷小子到成为资产上百亿的钢铁大王就是成功地运用了头脑思维的力量。一切成就、一切辛劳所得的财富，最初都不过源于一种想法，卡内基的秘诀能通过这条线索循踪而得。

二、积极的心态是希尔成功哲学的核心内容。积极的心态才能在潜意识中形成积极的影响，它会引导我们用积极开放的心态分辨、吸收外界的有利信息，阻挡住消极思维、心态的不利影响，从而使自己向越来越好的方向发展。积极的心态对成功的影响力不言而喻，其最早明确提出和加以归纳、运用的人就是希尔。仅仅运用这条秘诀，年轻的查尔斯·M·施瓦布就赚了个盆满钵满，并且赢得了无限商机，为他创立世界第二大钢铁公司——伯利恒钢铁公司带来极大助益。

　　三、普通知识是没有多少用途的，只有针对明确的目标学习用于实现目标的专业知识才有用。那些掌握并运用这条秘诀的人，即便接受在校教育的机会非常有限，也同样能到达事业的巅峰，积攒大笔财富，成为自身命运的主宰者。原美国邮政局长约翰·沃纳梅克几乎没上过学，不过他获取知识的方式就像向一台先进机车的水箱加水，他说："每当水用完一点，我就用瓢舀水添进去。"

　　四、知识只是潜在的力量，只有巧妙地组织和运用知识才能产生力量。汽车制造商亨利·福特连中学都没上过，更不用说上大学了，然而他所懂得的知识都发挥了作用。

　　五、毅力和决心是成功者之所以成功的重要原因。其重要作用仅次于积极的心态和成功的欲望。石油大王约翰·D·洛克菲勒16岁时开始找第一份工作，便决定只在知名大企业里找。他按照城里最大的企业名录一家家上门求职，并且提出要见企业最高管理者。找完了第一轮没被录取后又开始找第二轮，毫不气馁。他按部就班地执行自己的求职战略，半年后才找到一份簿记工作。工作中他替老板要债，在欠债者门前一等数小时。他就是拼着斗牛犬般不屈不挠的意志去做每一件决心要做好的事情才取得了商业上的成功。

　　此外，还有"合理的智囊团是成功的保证。向成功人士学习成功经验是实现目标的最佳途径"，"专注和简化有助于尽快实现目标"，"运用想象力是获取构想、计划、发明的方法。创造力比理性思维更有价值"等原则，对我们也都具有很好的指导性。

　　拿破仑·希尔的《思考致富》里包含的致富秘诀还有很多，举不胜举。只要我们用心去读、去实践，每一次都会有新的发现，新的收获。

所揭示的秘诀已让多人获得成功

　　如果我们把致富当成成功的全部定义，那生活就索然无味了。但是不可否认，致富往往是成功的第一步，迈向它，我们会在沿途看到更多的风景，感受更多的智慧滋养，成为一个事业辉煌、精神富足的人。

　　拿破仑·希尔这部伟大著作中描述的秘诀，其最大的特色在于，那些掌握它并使用它的人从此走向了成功。这是因为该书从深层意义上揭秘了一些成功人士所共同具有的特点，为梦想成功的人打开了一扇窗。它超越了金钱的衡量标准，教人实现经济独立与思想富有。用拿破仑·希尔自己的话说，"我从未听说过，有人受到这个秘诀的点拨，运用了这个秘诀，却未能在自己选定的行业里取得任何令人瞩目的成就；我也从未见过什么人不运用这个秘诀就能出人头地，或积累到什么财富"。这些秘诀指引过许多我们耳熟能详的知名人物非凡的成功之旅，诸如美国总统罗斯福、发明家爱迪生、企业家洛克菲勒等都从中获益匪浅。

拿破仑·希尔创建的成功哲学和17项成功原则，以及他永远如火如荼的热情，鼓舞了千百万人，帮助无数平凡人获得了非凡的财富和事业成功，因此他被称为"百万富翁的创造者"。《思考致富》这本书被认为"彻底改变了美国人的思想观念，激发了所有美国人的潜能"。在这本书的指导下，有的人成功地实现了家庭的和谐，有的人获得了商业伙伴的支持，而威尔逊总统将书中的秘诀运用到军事训练和募集战争军费中，也取得了很好的效果。

【阅读指导】

拿破仑·希尔的文字具有谈话的风格，他把读者当作自己的朋友、熟人，站在与之完全平等的位置上，以寻常谈话的语气和口吻，亲切融洽地交谈，但又经常故意卖卖关子——用不揭露谜底的方式来吸引人思考。所以读他的这本书时，我们除了要静心倾听，还要认真思考，这样才会有收获。而更重要的是，我们要把自己所获的秘诀、所得的感悟贯彻到自己的现实生活中去，这样才算真正达到了阅读此书的目的。

改写命运的奇书
——《高效能人士的七个习惯》

作　　者：史蒂芬·柯维

成书年代：1990年

必读理由：行之有效的成功指导书

　　　　　能人志士的拼搏精神

【作者简介】

著名管理学大师

　　史蒂芬·柯维（1932—2012年）是美国著名的管理学大师。曾被美国《时代》周刊誉为"思想巨匠"，"人类潜能的导师"，并被列为"影响美国历史进程的25位人物"之一。他是一位赢得国际声望的具有领导才能的权威导师，他是柯维领导中心的创始人，也是富兰克林柯维公司的联合主席。他是世界500强企业众望所归的新智慧学家，是美国家喻户晓的启蒙家。他的《高效能人士的七个习惯》一书销量过亿册，并被翻译成28种语言出版。他的另一本书《领导者准则》也是超级畅销书。

【内容精要】

高效能人士的七个好习惯

　　史蒂芬·柯维在这本书里列举了大量的通俗易懂的生活、工作中的实例和生动形象的图表，向世人介绍了高效能人士的七个习惯和高效能生活的基本原则，并告诫人们：只有学会并遵循这些原则，把它们融入自己的人格中去，才能享受真正的成功和恒久的幸福。

　　《高效能人士的七个习惯》总结的七个好习惯是：积极主动，别指望谁能推你走；以始为终，忠于自己的人生计划；要事第一，选择当前该做的事；追求双赢，远离角斗场；善于沟通，换位思考的原则；综合综效，1+1可以大于

2；不断更新，全方位平衡自我。这七个好习惯，层层递进，从"一个人由内而外全面造就自己"到"个人领域的成功"，再到"公众领域的成功"，然后是"自我提升和完善"，最后还原到"由内而外地改造自己"。

《高效能人士的七个习惯》中的七个好习惯是一个整体，它们相辅相成。书中既讲到了个人要全力以赴确立目标，进行个人修炼，并由依赖转向独立，从而实现"个人成功"；也讲到了要通过建立共赢，换位沟通，集思广益等，促进团队沟通与合作；而不断更新更是涵盖了前六个习惯，督促我们完善自己的身心。

【必读理由】

行之有效的成功指导书

《高效能人士的七个习惯》告诉我们：

仅有事业成功只能算成功了一半，唯有兼顾事业、家庭、人际关系、个人成长等人生其他层面的和谐发展才是真正的成功。作者倡导有识之士应告别旧习惯：人的行为总是一再重复，但要取得卓越不只是单一举动，而是要靠良好的习惯。每个人天生都各自养成了各自的习惯，习惯从本质上反映了一个人的内涵和素质，而成功者就是在人生的历程中，不断反思自己，不断扬弃个人习惯中的一个个坏毛病，不断总结提高自身，才能一步一步走向成功的。

性格决定命运。对于渴望成功的人而言，通过改变个人的习惯，从而实现个人性格的改变，最终能够改变自己的命运，这是非常具有说服力的。习惯对我们的生活有极大影响，因为它是一贯的，在不知不觉中，经年累月地影响着我们的品德，暴露出我们的本性，左右着我们的成败。在现代社会，要想做一名成功人士，创造卓越的成就，就必须从培养良好的个人习惯入手。《高效能人士的七个习惯》阐述的七个习惯简明扼要，系统而有条理，要求我们以完善自我开始，进而寻求团队，最终走向自己的巅峰。

《高效能人士的七个习惯》被《福布斯》评为"有史以来最具影响力的10大管理类书籍之一"，在全球70个国家以32种语言畅销发行。这就说明了这本书不只是在理论上鼓舞人，更是在实践上卓有成效。因为人们的眼睛是雪亮的，唯有经得住实践考验的理论，才能深入人心，才会受到真正的欢迎。

能人志士的拼搏精神

《高效能人士的七个习惯》是一本带有拼搏、奋进精神的书籍，字里行间透露着不甘平庸之人的那种改变命运的决心，充满着能人志士创造命运的激情，但是这种积极的精神就足以激励人奋发向上。

【阅读指导】

读书的根本目的是为了学习前人和他人的经验，是为了养成适合自己的习惯，找到合适的方法为自己所用。阅读的本质不是我们"看过了"，而是努力地把书中学来的东西拿来进行尝试，并且找到适合自己的方法和工具。因此，我们在学习《高效能人士的七个习惯》时，重要的是一天一点实践，一天一点努力，这样才能提升自己成功的高度。我们应该通过培养这七个习惯，循序渐进地获得不断的进步，逐渐使自己成长为一位真正高效能的精英。

最能激发个人潜能的书
——《唤醒心中的巨人》

作　　者：安东尼·罗宾

成书年代：1995年

必读理由：全新的励志理念："唤醒心中的巨人"

　　　　　一本提高人生品质的行动指南

【作者简介】

激励成功学大师

安东尼·罗宾是美国著名的心理学专家以及个人、事业、组织的协调者，公认的成功学、激励学方面顶尖的大师。他年轻时也曾贫穷潦倒，26岁时仍然住在仅有12平方米的单身公寓里，生活一团糟，人际关系恶劣，前途十分暗淡。自从他发现内心蕴藏着无限的潜能之后，生活便开始大为改观，成为一名充满自信的成功者。

他是一位白手起家、事业成功的亿万富翁，是当今最成功的世界级潜能开发专家。他的专业能力帮助无数个人、团体和企业转变了生存发展的轨迹。接受他咨询和受他激励的人包括美国总统克林顿、南非领导人曼德拉、网坛巨星阿加西、拳王泰森等。安东尼·罗宾现已出版的主要著作有《激发心灵的潜能》、《唤醒心中的巨人》等。

【内容精要】

激发控制命运的能力

在本书中，安东尼·罗宾提供了一个基础的循序渐进的课程，通过富于灵感和乐趣的轶事、例子和一步步扎实的策略，组成一个控制情绪和财政困难并获得巨人般灿烂生活的程序，用来帮助我们发现自己的真实目的，并控制自己的生活，激发自己控制命运的能力。

全新的励志理念："唤醒心中的巨人"

作者在这本书中提出了许多全新的理念："我们每个人的身上都蕴藏着一份特殊的才能，那份才能就如一位熟睡的巨人，就等我们去唤醒他。"这一中心论点就足以催人奋进。

关于如何有效地掌控自己的人生，作者提出了"能力集中之道"：在我们每个人的身上都拥有可以立即支取的能力，借着这个能力我们可以完全改变自己的人生。只要我们下决心要有所改变，那么长久以来所做的美梦就可能实现；只要我们能够在生活的每一层面上用心便能有所成就。"用心"有如一束激光，能够排除一切横在前面的障碍。如果我们能保持不断改进的心，对生活的每一个层面严加要求，就必能开创出不同寻常的人生。"用心"意味着把所拥有的能力好好运用，学会辨识什么是该做的事，而别把精神轻易耗费在琐碎的事情上。

一本提高人生品质的行动指南

这本书中所阐述的观念和方法能够帮助人们充分发挥潜能，产生具体、长久的改变。关于如何产生持久的改变，作者提出了三个可以遵循的法则：第一，提高对自己和对事物的期许；第二，驱除消极的信念，因为积极的信念可以给人明确的方向感；第三，改变自己的策略，最有效的方法便是"学样"。

书中还提到，一个人想要有成功的人生，要掌控好以下五个方面：情绪方面，建立积极的信念，消除消极的心态；健康方面，控制好自己的健康，使之活力充沛；人际关系方面，用关心建立起良好的人际关系；钱财方面，对财富养成正确的认识和价值观；时间方面，重视时间的运用，不容轻易蹉跎。

作者在讲述这些道理时，佐以充分的事实论证，给人们提供了行之有效的方法和途径。

俗话说"熟能生巧"，建议反复阅读此书，对其中所说的各种法则和道理不时地钻研，运用于生活之中。当然，运用时不能照单全收，要汲取其中有用的部分，并立即付出行动。

全球畅销励志经典
——《邮差弗雷德》

作　　者：马克·桑布恩

成书年代：1998年

必读理由：一本给你带来欢笑和感动的励志书

【作者简介】

杰出的激励演说大师

　　马克·桑布恩，美国人。他在国际上以"杰出的激励演说大师"著称，曾被评为全球"5位金麦克风大师"之一。他经常在美国和世界各地的重要会议上作主旨演讲。他是桑布恩联合公司的总裁，桑布恩联合公司是一间致力于在商务和生活中，培养管理者领导力和影响力的实验室。马克的客户包括埃克森美孚、IBM、宝马等世界500强企业。他还是畅销书作家，其著作包括《邮差弗雷德》、《这是你的舞台》等。

【内容精要】

弗雷德事迹和弗雷德精神

　　《邮差弗雷德》全书分四部分：

　　第一部分"何谓弗雷德？"讲述了弗雷德的故事。在大多数人的眼中，投递邮件的工作烦琐而枯燥，邮差弗雷德却非常热爱自己的工作。他竭诚为大家服务，并把自己的工作视为一次机会，一次改变周围人的生活的机会。正因为有这样的信念，所以他在投递邮件时愿意多走一些路，愿意将所有人都看成是自己的朋友。他凡事为他人着想，细致入微的服务甚至令客户都想象不到。此外，这一部分还讲述了"形形色色的弗雷德"——一个个无名英雄的故事。

　　第二部分"成为弗雷德"。作者在这里要告诉我们以下一些道理：人人都会有所作为、成功建立在关系之上、不断为他人创造价值、不断重塑自我。

第三部分"培养弗雷德"。这一部分是作者针对想要培养"弗雷德"式员工的那些管理者而言的，书中给出的策略是"发现""奖励""教育"和"以身作则"。

第四部分"以弗雷德之爱的名义"。此部分的内容分为两节："今天的弗雷德"和"弗雷德精神"。

【必读理由】

一本给你带来欢笑和感动的励志书

作者讲述故事的方式很吸引人，叙事的口吻幽默生动，而且极具真实感，这使得每一个人，不论他从事的是服务业还是制造业，不论他是在高科技产业还是在医疗行业，都喜欢听弗雷德的故事，并且对他着迷。

打开书的第一页，我们读到"我所遇到的第一个弗雷德——让每天都成为你的代表作"，就足够引人入胜，发人深省。现摘录文段如下，来举例说明本书给人带来怎样的欢笑和感动：

第一次遇见弗雷德，是在我买下新居——一栋老房子之后不久。房屋建成于1928年，我称之为"旧新房"，地点在丹佛的华盛顿公园，一个绿树成荫的小区。生平第一次，我有了属于自己的房子。迁入新居几天后，有人敲门来访，我打开房门一看，外面站着一位邮递员。

"上午好，桑布恩先生！"他说起话来有种兴高采烈的劲头。"我的名字是弗雷德，是这里的邮递员。我顺道来看看，向您表示欢迎，介绍一下我自己，同时也希望能对您有所了解，比如您所从事的行业。"弗雷德中等身材，蓄着一撮小胡子，相貌很普通。但尽管外貌没有任何出奇之处，他的真诚和热情却溢于言表。

这真让人惊讶。我收了一辈子的邮件，还从来没见过邮递员做这样的自我介绍，但这确实使我心中一暖。

我对他说："我是个职业演说家，这算不上真正的工作。"

"如果你是位职业演说家，那肯定要经常出差旅行了？"弗雷德问我。

"是的，确实如此。我一年总要有160到200天出门在外。"

弗雷德点点头继续说道："既然如此，如果你能给我一份你的日程表，你不在家的时候我可以把你的信件暂时代为保管，打包放好，等你在家的时候再送过来。"

这简直太让人吃惊了！不过我对弗雷德说，没必要这么麻烦："把信放进房前的信桶里就好了，我回家的时候再取也一样的。"

他解释说："桑布恩先生，窃贼经常会窥探住户的邮箱，如果发现是满的，就表明主人不在家，那你就可能要身受其害了。"

弗雷德比我还关心我的邮件！不过毕竟，在这方面，他才是专家。

他继续道："我看不如这样，只要邮箱的盖子还能盖上，我就把信放到里面，别人不会看出你不在家。塞不进邮箱的邮件，我搁在房门和屏栅门之间，从外面看不见。如果那里也放满了，我就把其他的信留着，等你回来。"

此时我不禁暗自琢磨：这人真的是美国邮政的雇员吗？或许这个小区提供特别的邮政服务？不管怎样，弗雷德的建议听起来真是完美无缺，我没有理由不同意。

……

这本书里，弗雷德的故事还有许多，不管是在客户服务还是一般的业务中，弗雷德都是一个金光灿灿的例子，人性化的贴心服务做得让人震惊不已，为所有渴望在工作中有所作为的人树立了榜样。弗雷德的故事告诉人们很多关于成功的真理，例如："在任何一个行业和领域里，每个人的奋斗目标都应该是杰出和高质。""像弗雷德一样，服务、创新和尽责，成就他人，亦成就自我。""人能给工作以尊严，没有任何工作是卑微的、不足道的，只要做这项工作的人是杰出的、不同凡响的。"

这本书的故事中饱含的成功真理不一而足。作者在叙事时，总能恰到好处地穿插议论和抒情，给听故事的人带来心灵上的共鸣，并且总能情真意切地向读者提出切实可行的建议。所以，这是一本有趣而又亲切的励志书。

【 阅读指导 】

这本书中讲的道理通俗易懂，我们拿起来便可以轻松地阅读，但在阅读时，我们不要忘记摘录那些感动自己启发自己的文段。

本书要发挥作用，关键在于我们读后要把从中获得的感悟实践于生活之中。所以行动才是硬道理，我们读书要不忘实践。

最暖人的心灵书：消除烦恼的灵丹妙药

帝王哲学家的心灵对话
——《沉思录》

作　　者：马可·奥勒留

成书年代：古罗马时期

必读理由：一本直抵人心的读本

【作者简介】

帝王哲学家

马可·奥勒留（公元121—公元180年），全名为马可·奥勒留·安东尼·奥古斯都，著名的"帝王哲学家"，古罗马帝国皇帝，在希腊文学和拉丁文学、修辞、哲学、法律、绘画方面受过很好的教育，晚期斯多葛学派代表人物之一。奥勒留也许是西方历史上唯一的一位哲学家皇帝。

他自青年时代起即三度出任执政官，并在40岁（公元161年）时成为拥有全权的皇帝。但是，他坚持同养兄维勒斯一道继承皇帝之位，因而形成罗马帝国历史上第一次由两位具有同等地位和权力的皇帝共执朝政的情况。他为帝国夙兴夜寐地勤勉工作，作为体恤民情的法律实践者，他颁布大量法令，作出诸多司法决定并从民法当中删除不合理的条款；作为统帅，他为平定兵患动乱而风尘仆仆征战四方，并最终死于军中。利用辛劳当中的片暇，他不断写下自己与自己心灵的对话，从而著就了永悬后世的《沉思录》。

【内容精要】

与自己的心灵对话

《沉思录》是一本马可·奥勒留自己与自己的十二卷对话，内容大部分是他在鞍马劳顿中所写。《沉思录》来自于他对身羁宫廷的自身和自己所处混乱世界的感受，反映了他追求一种摆脱了激情和欲望、冷静而达观的生活的愿望。

奥勒留在书中沉思个人伦理、社会伦理、精神信仰、国家与人民、灵魂与死亡……字数不算多，内容却繁杂。马可·奥勒留在书中着重阐述了灵魂与死亡的关系，解析了个人的德行、个人的解脱以及个人对社会的责任，要求常常自省以达到内心的平静，要摒弃一切无用和琐屑的思想，正直地思考。而且，不仅要思考善、思考光明磊落的事情，还要付诸行动。

【必读理由】

一本直抵人心的读本

《沉思录》诠释了一位智者的心态，传递了一种对待生活的真实而高尚的态度：摆脱浮躁，自在、自足地生活，在物质日益富足的时候，不要荒芜了精神的家园；为心灵寻找一个平衡点，时时节制并减少内心的欲望，为心灵减负，为心灵留下一份长久的平静。

整本书都是一些从灵魂深处流淌出来的文字，朴实却直抵人心。马可·奥勒留把一切发生在他身上的事情都不看成是恶，认为痛苦和不安仅仅是来自内心的意见，并且是可以由心灵加以消除的。马可·奥勒留试图摆脱激情和欲望，向往冷静而达观的生活，他在《沉思录》卷八写道："做事不可迟缓，言谈不可杂乱，思想不可模糊，心灵不可完全倾注在本身上面，亦不可任其激动。生活中总要有点闲暇。"这句话是马可·奥勒留人生的坐标，也是他一生行事做人的准则。

他对人生进行了深刻的哲学思考，热诚地从其他人身上学习他们最优秀的品质：果敢、谦逊、仁爱……他希望人们热爱劳作、了解生命的本质和生活的艺术、尊重公共利益并为之努力。书中所提倡的包容、平等、理性、公正、和谐，正是调和各种矛盾的人所应该具备的最基本的特性。

《沉思录》不仅是心灵修炼的最佳读本，更为我们的人生打开了一扇光明和希望之窗。书中哲理光芒交错，人生智慧洋溢，令它的每一个读者沉思，比如这些：

做每一件事都像做最后一件事；

人唯一能被剥夺的只有现在；

灵魂不能为肉体奴役；

简单朴素而愉快地生活；

想要心中宁静只做必须之事；

爱你命中注定所要遭遇的人；

苦痛对把舵的心灵并无伤害；

永久过最高贵的内心生活；

……

这些道理表达得十分精辟，饱含深刻的思想，就像格言警句一样直击读者的心灵，直抵人心。

【阅读指导】

这是一本需要静下心来阅读的著作，浮躁者将一无所获，所以我们在阅读时要为自己营造安静的环境，保持宁静的心态。由于本书精辟的语句比较多，建议做好摘录。在阅读时如果引发了思考，建议做好旁注，在书的空白处记下自己的思想与感受。

"生活的哲学"
——《蒙田随笔全集》

作　　者：蒙田

成书年代：1580年至1588年分三卷出版

必读理由：读起来有娓娓而谈的亲切感

　　　　　对生活报以理解和微笑的"蒙田生活哲学"

【作者简介】

随笔鼻祖和巨匠

　　蒙田（1533—1592年），全名米歇尔·德·蒙田，出生于法国波尔多的名门望族，从小接受拉丁语和希腊语学习，精通法律。他信仰天主教，与国王过从甚密。39岁那年，他隐退回家，研读古希腊罗马书籍，写作《随笔集》，并于1580年出版了全书的第一卷、第二卷。不久，蒙田再度开始自己的政治生涯，1581年，他当选波尔多市市长。1585年，波尔多爆发鼠疫，蒙田束手无策，被天主教联盟监禁。出狱后，蒙田再度归隐，专心于《随笔集》第三卷的写作。

　　蒙田阅历广博，思路开阔，行文无拘无束，其散文对英国哲学家弗兰西斯·培根、剧作家莎士比亚等影响颇大。所著《随笔集》三卷名列世界文学经典，他被人们视为写随笔的鼻祖和巨匠。

【内容精要】

生活的哲学

　　《蒙田随笔全集》共107章，百万字左右。其中的内容上至天文，下至地理，几乎涵盖了各领域的知识。归纳起来，其内容主要侧重在人性、教育、文学和哲学思辨等几个方面。

　　该书的一开始，蒙田就着手描写自我，叙述自己的家事，娓娓道来，强调人文的"人本位思想"，阐明自己的生活感受。在教育观上，蒙田倡导以人文主义思想为基础，应博览群书，同时还得行万里路，以了解社会。他认为教会学生是其一，教会他们用智慧来思考人生、判断是非则更为重要。这些教育思想具有划时代的意义，至今仍为各国教育家所欣赏和采用。在文学上，蒙田强调文章应该以思想内容为主，语言要通俗易懂，贴近读者。在哲学上，他认为人应该坚韧，在困难面前不畏惧，学会面对死亡。

蒙田以博学著称，这部随笔集对日常生活、传统习俗、人生哲理等等无所不谈，它是16世纪各种思潮和各种知识经过分析的总汇，有"生活的哲学"之美称。

【必读理由】

读起来有娓娓而谈的亲切感

在蒙田生活的时代，当时的贵族不看重学问，以从戎为天职，所以蒙田常常说他不是学者。他喜欢给人造成这样一种印象：他不治学，只不过是"漫无计划、不讲方法"地偶尔翻翻书；他写的东西也不润色，不过是把脑袋里一时触发的想法记下来而已，纯属"闲话家常，抒写情怀"。我们从他的代表作《蒙田随笔全集》里完全可以看出他的这种写作心态和风格，其实这正符合当时读者的阅读需要和审美情趣。

法国著名文学评论家圣伯夫认为，"我们每个人都能在蒙田身上发现自己的一小部分"。德国著名哲学家尼采认为，正因为有了蒙田的写作，活在这世上的乐趣才增加了。美国思想家、文学家爱默生酷爱《蒙田随笔全集》，他赞不绝口地说："（蒙田）从来不沉闷，从来不虚伪，从来没有一个人思想这样丰富，从来没有一本书写得这样自然。"

可见蒙田的作品以自然真诚地展现自我的特性赢得了很多美誉。蒙田把读书心得、旅途见闻、日常感想记录下来，日积月累，成了《蒙田随笔全集》。其文结构松散自然，并不要求勉强统一，彼此连贯；内容包罗万象，天文地理、草木虫鱼，无所不谈；语言平易明畅，形象亲切生动，富于生活情趣，处处流露出作者的真性情。

蒙田在《蒙田随笔全集》的卷首告诉读者："我本人就是这部书的材料。"他在《致读者》一章里这样写道："我要人们在这里看见我的平凡、纯朴和天然的生活，无拘无束无造作，因为我所描画的就是我自己。我的弱点和本相，在公共礼法所容许的范围内，都在这里面尽情披露。"所以写作这本书是为了介绍他自己的思想和生活。其中有谈他的人生哲学，评论他所读的书，解剖他的风格、习惯和人品，描写他的书斋和对沉思与阅读的看法，谈怎样处理事务，怎样工作，怎样旅行，讲他对行政工作的态度等。由于他在这本书里，对自己作了大量的描写与剖析，使人读来有娓娓而谈的亲切之感。

蒙田虽然文笔出众，但行文却不讲究辞藻和润色。他和许多写长篇小说的作家一样，认为如果对得失斤斤计较的话，便会成为天赋的绊脚石。使得天赋有如"找不到宽阔河口的汹涌河水"一样，白白流逝。也许正是因为他这种无拘无束、自然随性的个性，才使文章的字里行间褪尽了学究气，读起来令人倍感亲切。这也是他的随笔至今仍受欢迎的原因。

对生活报以理解和微笑的"蒙田生活哲学"

19世纪中叶法国伟大的批判现实主义小说家福楼拜曾这样写信安慰一个心情阴郁的朋友："你问我读什么书好，读蒙田吧……他会使你平静……"在闲暇时翻阅此书，在作者悠闲随意的笔间慢慢体验人生，思考生活，就像品味一杯回味悠长的茶一样，确实会让人心情平和。

蒙田以博学著称，《蒙田随笔全集》包罗万象，无所不谈，成为当时各种知识的荟萃，被称为"生活的哲学"。奥地利文化史学家弗里得尔认为蒙田似乎什么都想知道，什么都能理解，同时对什么都报以微笑。

在蒙田的时代，人们还受着中世纪封建思想的束缚，鄙视生命，把生活贬低为消磨时光，并且尽量回避它，"仿佛这是一桩苦役、一件贱物似的"。蒙田却把生命视为"自然的厚赐"，并声称"开心如意的生活是人生的杰作"。

在《蒙田随笔全集》中，蒙田主张追求人生的幸福和快乐，成为创造自己生活的主人，而且生命愈是短暂，我们愈要使之过得丰盈饱满。他说："世上最难学懂学透的学问就是如何享受此生，在我们所有缺点中最严重的就是轻视生命。"据说，古马其顿国王亚历山大大帝和古罗马杰出军事统帅恺撒大帝在戎马倥偬之余，仍不忘充分享受生活的乐趣。蒙田对此大加赞赏，因为他认为尽享生活之乐才是人之常情，而战事纯属异常之举。当有人叹息说"我今天一事无成"时，蒙田就会问："怎么，您不是又好好过了一天吗？"在他眼里，能满心喜悦地享受一天的生活，也是一桩不容小瞧的成就。他认为我们的责任是安排好自己的生活，而不是去编书和打仗；我们最豪迈最光荣的事业是生活得写意，至于当官、发财、成名等等，不过是这一事业可有可无的点缀而已。正因为认识到生活的可贵，蒙田不忍虚度此生，总是"慢慢赏玩和细心品味生命中美好的时光"。他自豪地说："享受生活要讲究方法。我比别人多享受到一倍的生活，因为生活乐趣的大小是随我们对生活关心的程度而定的。"他还以极其坦率的态度谈到性的话题："如果把我们降生于世的那种行为称为野蛮，那我们岂不是都成了野蛮人？"蒙田是一位真正热爱生活和懂得生活的大师，他对生命和生活的热爱之情和达观态度，透过这本书感染着世世代代的读者。

【 阅读指导 】

《蒙田随笔全集》卷帙浩繁，我们阅读时一定要读到其中最著名的几个篇章：《为雷蒙·塞蓬德辩护》、《热爱生命》、《尽情享受生活之乐趣》。其他篇章可以根据个人的兴趣爱好有选择地阅读。阅读时建议做好笔记，摘录其中的精彩语句。

人生幸福指南
——《人生的智慧》

作　　者：叔本华

成书年代：1850年

必读理由：一本适合大众修身养性的人生指南

　　　　　启迪心灵的"叔本华幸福观"：向内心寻找幸福

【作者简介】

唯意志主义的哲学家

　　亚瑟·叔本华（1788—1860年），德国哲学家，唯意志主义和现代悲观主义创始人。他的代表作有《作为意志和表象的世界》、《附录与补遗》等。

　　他早年在英国和法国接受教育，能够流利使用英语、意大利语、西班牙语等多种欧洲语言和拉丁语等古代语言。他最初被迫选择经商以继承父业，在父亲死后他才得以进入大学学习。1809年，他进入哥廷根大学攻读医学，但不久即把兴趣转移到了哲学。

　　他一辈子过着孤独的日子，写下了几部重要的哲学著作。他理解了人类屈从于器官、欲望、冲动而造成的心灵压抑、扭曲，从而预言了精神分析学和心理学。他文笔流畅，思路清晰，后期的散文式论述对后来哲学著作的诗意化产生了较大影响。

【内容精要】

幸福的来源、分类以及怎样获得幸福

　　《人生的智慧》是一本哲学上关于幸福论的著作，主要是教人怎么平静幸福地过完这一生。作者系统、严谨、详细地分析了幸福产生的来源、分类以及要如何才能得到幸福。

　　第一章节，作者对决定人的命运的因素进行了划分：人的自身、人所拥有

的财产和人所展现的表象。第二章、第三章和第四章分别就这三个因素进行了详细的论述和分析。第五章作者讲述了在人生中会遇到的一些具体的情形，并提出遇到这些情形时的抉择建议。第六章作者纵览了人生的各个阶段的特点并提出了建议，尤其强调了人年轻时经常锻炼身体的重要性和必要性。关于人自身身体健康的重要性，作者在整本书中进行了多次强调。

总的说来，作者所持的观点是：幸福是否定的，灾祸是肯定的。作者认为幸福的生活是减少了许多不幸的生活，亦即还能勉强忍受的生活。他劝诫读者要珍惜已拥有的现在，这才是人能够真正把握的。

【必读理由】

一本适合大众修身养性的人生指南

这本书讨论的话题众多，内容朴素深刻，对19世纪末的很多大思想者产生了深刻的影响。尤其是尼采，他对叔本华的理论一直情有独钟。

对于许多读者而言，这本书最有价值的地方在于，叔本华解答了人的一生中所会遇到的种种情形以及应该如何处理这些情形的问题：我们如何对待自己、如何对待别人以及如何对待命运和世事的发展。作者在这里讲述的内容在任何时代、对绝大部分的人都有着益处。

《人生的智慧》讨论的事情与我们的世俗生活至为接近，诸如健康、财富、名声、荣誉、养生和待人接物所应遵守的原则等；叔本华在写作这本书的时候，总是尽量从世俗、实用的角度考虑问题。所以，这本书不仅是一本修身养性的人生指南，它尤其适合大众阅读。

启迪心灵的"叔本华幸福观"：向内心寻找幸福

叔本华把幸福观分为绝对和相对两个观点：绝对幸福观是绝对的否定，即幸福是虚幻的，而痛苦才是具体存在的；相对观是幸福的原因，存在于我们的自身之内，而不是自身之外。

持绝对否定幸福观的他说："这一切都只是外表的不同，脱下这些装束，骨子里大家都不过是一些对命运充满了忧虑的可怜的演员而已。"由此，他告诉人们：只要是人，只要他还活着，体验到痛苦是必然的。据此，我们可以达观地看待生活中的痛苦。

他并不是说幸福是不可求的，是虚无缥缈的东西。按照叔本华的观点，真正持久的幸福并不是一种占有的过程，因为任何占有都是有限的，而人的欲望和需求却是无限的，有限的占有无法满足无限的欲求。把幸福理解为对财富的占有，那么，"当我们无力增加能满足各种欲求的钱数，我们便会因不断地为增加钱数的欲望而倍受折磨"。同样，幸福也不是对名利的占有过程，相反，我们大多数人为名所累。叔本华说："在我们的所有行为中，我们最先考虑的事情几乎是，别人将会说些什么。生活中近半数的忧困烦恼，究其根源，都是由于我们在这方面操心过度而引起的。"可见，名和利都不能给人带来真正的幸福。"这就愈加要依赖一个人内在的东西，因为只有这种内在的东西才会长久地伴随他，只有这种内在的东西才是终身相依的幸福的真正持久的来源。"

他说，真正持久的幸福是一种内在的过程，概括起来就是：幸福是一个圆满的心灵的展现和表达过程。"外在的幸福远不如内心的福祉"，"人最为高尚最丰富多彩的永恒的快乐是心灵的快乐"。外在的东西很多都是我们无法把握的，所以叔本华认为："人生客观的部分掌握在命运之神手中，它会因情况变化而发生变化，而主观部分则掌握在我们自己手中，在本质它是永远不会改变的。"

叔本华也说："整个幸福的本质的基础，乃是我们的体格，幸福最为本质的要素是健康，其次，是维持我们独立自在、无忧无虑的自由生活的能力。"可见，为了生活的幸福，我们首先必须要有基本的生存。

那么，有了基本的生存之后，我们要怎样去向内心寻找幸福呢？他说，要寻找一种内心的"圆满"。叔本华说："'自我'是人们所能获取美好事物的最伟大的源泉。愈是这样，即人们从自身发现其快乐的源泉愈多，他便愈幸福。所以，亚里士多德说到这样一条伟真理，'知足者常乐'。"他还说："所有这些，最能直接使我们获得幸福的是愉快而美好的心境，这种良好的性格因为自身而直接受惠。"可见，这种内心的圆满、自足，本身就能使我们体验到某种快乐和幸福。"一个理智的人，即使处在完全孤独的状况下，也能以他的思想、他的幻想来获取极大的娱乐；即使没有任何变化，没有惬意的社交，没有剧场、远足和消遣，他也能避免愚人的烦恼"。所以，人生幸福的首要的最本质的要素是我们的人格。

最后，一个人有了内心的力和美，还必须将它展现出来才能体会到一种真正的幸福。叔本华说道："亚里士多德认为，人的幸福就在于自由地发挥他的最高能力。"而且，幸福的程度与我们心灵力与美的展现、表达程度成正比，"所有的人将会看到，发挥的能力愈杰出，那么它所产生的快乐便愈多，因为快乐总是包含着使用自己的能力，经常不断的快乐，才能构成幸福"。

因此，叔本华的幸福观告诉人们：心灵趋向于圆满，内心也就越有一种自足的快乐。

【 阅读指导 】

叔本华的文笔在哲学家里面是少有的洗练流畅，他的思路清晰，散文式的论述文字充满了智者的思考和智慧。他的文字风格历来为人称道，我们在阅读时不妨向他学习语言表达。

此外，我们在阅读时应做好精彩语段的摘录，以便自己温习回顾。

满足每个人的心灵需求
——《先知》

作　　者：纪伯伦

成书年代：1923年

必读理由：满足不同心灵的不同需求

　　　　　传达"爱"与"美"的思想

【作者简介】

黎巴嫩文坛骄子

　　哈里利·纪伯伦（1883—1931年），黎巴嫩诗人、散文作家、画家。他和印度著名诗人泰戈尔一样，都是近代东方文学走向世界的先驱，两人并称为"站在东西方文化桥梁上的巨人"。

　　纪伯伦生于黎巴嫩北部山乡卜舍里，12岁时随母去美国波士顿，两年后回到祖国，进黎巴嫩首都贝鲁特的希克玛（睿智）学校学习阿拉伯文、法文和绘画。学习期间，他曾创办《真理》杂志，态度激进。1908年发表小说《叛逆的灵魂》，激怒当局，作品遭到查禁焚毁，本人也被逐，于是再次前往美国。后来他去法国巴黎艺术学院学习绘画和雕塑，得到艺术大师罗丹的奖掖。1911年他重返波士顿，次年迁往纽约长住，从事文学艺术创作活动，直至逝世。纪伯伦著有散文诗集《泪与笑》、《先知》、《沙与沫》等，享誉世界。

【内容精要】

《先知》向人们谈论的26个主题

　　《先知》是一部哲理性甚强的抒情诗集，凝聚了纪伯伦的全部心血，是他创作的顶峰，引人瞩目。他在这部作品中塑造了一位名叫亚墨斯达法的智者。这位智者正准备回到阔别已久的故乡，就在他依依惜别的时刻，一位对他抱有诚信的女子爱尔美差来到殿前广场，向作别的智者表达最诚挚的祝愿，并请他

"讲说真理"。于是智者开始回答送行者的提问。这些问题涉及"生和死中间的一切"：爱、婚姻、孩子、施与、饮食、劳作、欢乐与忧愁、居室、衣服、买卖、罪与罚、法律、自由、理性与热情、痛苦、自知、教育、友谊、言谈、时间、善与恶、祈祷、享乐、美、宗教、死亡。通过这26个与人们休戚相关的主题，纪伯伦要把人类的"真我"披露给人们。

【必读理由】

满足不同心灵的不同需求

有评论家说，《先知》是一本奇妙的著作，它满足了不同心灵的不同需求。作者无限的爱心和真挚的人道精神渗透贯穿于作品的字里行间。哲学家认为它是哲学，诗人称它作诗。年轻人说：这里有一切蕴含在我心中的东西。老年人则说：我曾不停地寻求，却不知寻的是什么。现在，在我垂暮之年，在这本书中，我找到了我的宝藏。确实，这本书谈论的主题丰富多样，而且都非常贴近生活，每个阅读者都能在其中找到自己最关切的一些人生问题，并且从作者那充满智慧与哲理的诗句中获得震撼和启发。

《先知》之所以能满足不同心灵的不同需求，还在于它有着一种无法抗拒的美的力量，它既热烈深沉，又清澈平和。正如席慕容的评论所说，"在这本书里，伟大的心灵以最单纯的面貌出现。他说的话，他用的字句都是最浅显的，甚至，他要我们去明白的道理也是极浅显的；而在我们进入他的世界之后，就会跟随他，开始了一种温柔而缓慢的蜕变"。

《先知》的语言充满着神圣的色彩，非常含蓄而又令人百读不厌。它的每一个字，它的每一个句子，都像一朵有无数花瓣的莲花，不停地绽放，丰富优美又总有新意。它的文字也像一条清晰的小溪，不停地流动着，永有清新的活力。这样优美的文字配以纯正温厚的思想，就犹如一颗伟大的心灵以最单纯的面貌出现在读者面前，带来的是心灵的感动和欣喜。

传达"爱"与"美"的思想

纪伯伦的《先知》每一句都值得我们用心去思考，每一篇也都在给人希望的光芒和向上的力量。他以充满华丽想象的句子向我们传达着爱与美的思想，他用每个象征性的形象向我们演示着人生的方向。

在《先知》中，纪伯伦借亚墨斯达法这位智者之口谈论的第一个问题就是爱。他说："清晨，带着一颗生翼的心醒来，感谢又一个充满爱的日子；午休，沉思爱的心醉神怡；黄昏，带着感激归家；睡前，为你心中的挚爱祈祷，唇间吟诵着赞美诗。"这样优美的诗句道出了是爱让生活变得如此美好的道理。

纪伯伦告诉人们爱本身即是自足和圆满，"爱，除了自身别无所欲，也别无所求；爱，不占有也不被占有。因为，在爱里一切都已足够"。爱具有丰富的社会内容，如热爱工作。他把爱工作与爱生命等同起来了。智者说："……在你劳动不息的时候，你确实爱了生命。""什么是带着爱工作？是用你心中的丝线织布缝衣，仿佛你的至爱将穿上这衣服；是带着热情建房筑屋，仿佛你的至爱将居住其中；是带着神情播种，带着喜悦收获，仿佛你的至爱将品尝果实；是将你灵魂的气息注入你的所有制品；是意识到所有受福的逝者都在身边注视着你。带着爱劳作才不会厌倦，才能丰收。"纪伯伦借智者之口告诉人们：让爱贯穿着工作和生活中的一切，生命的一切才会如此美好。

他用激情而又优美的语言号召人们去爱："彼此赠献你们的心，却不要互相保留。因为只有'生命'的手，才能把持你们的心。人应该眷顾自己的灵魂和心灵，永远向着精神的高度攀援，热爱自然，热爱他人，以一颗仁爱、宽容之心去爱自己、爱他人、爱生命。"

纪伯伦渴望美。他认为"只有在美中才有真理"，"只有在美中才有光明"。同时他也告诉人们，如果不去探求，也就不会发现美和认识美。在《先知·美》中，他借智者的口向世人发问："你们到处追求美，除了她自己做了你的道路，引导着你之外，你如何能找到她呢？"纪伯伦在这里想告诉人们，美虽然是目标，但也是道路和向导。人们必须遵循美指引的道路，才能达到目的地，才能找到美。对于美，各人都有不同的理解。而纪伯伦认为，"美不是一种需要，只是一种欢乐"，欲望的满足并不等于美，美好似"发焰的心，陶醉的灵魂"。

【阅读指导】

《先知》是本常读常新、常读常美的书，其优美语句不仅应摘录下来，还应反复朗读吟诵，这样我们才能更好地品味其语言和思想内容的优美。

幸福生活指南
——《幸福之路》

作　　者：罗素

成书年代：1930年

必读理由：为不幸福的人对症下药

　　　　　走上幸福之路的方法

【作者简介】

世纪的智者

　　伯特兰·亚瑟·威廉·罗素（1872—1970年），英国著名哲学家，20世纪最杰出的哲学家之一，同时又是著名的数学家、散文作家和社会活动家。罗素一生驰骋于数学、逻辑、哲学、政治、社会、历史、道德、宗教、教育等各个领域，写下了70多部著作和大量文章，对20世纪的思想文化和社会生活产生了巨大的影响，被人们誉为"世纪的智者"。1950年，罗素荣获诺贝尔文学奖，此奖旨在表彰他的"哲学作品对人类道德文化所作出的贡献"。

【内容精要】

幸福生活的哲理和窍门

　　《幸福之路》是英国哲学家罗素所写的一本关于生活哲理的小书。罗素在该书中讨论了各种常见的问题，如生存竞争、烦闷、嫉妒、疲劳等等，并阐述了自己认为可以避免这些问题的方式。

　　罗素在书中所提供的不是抽象的道理，而是他自己人生感悟的结果；所提供的获得幸福的小窍门，也是他"阅历和观察"后获得的人生经验。罗素写此书的目的，是"希望那些遭受不幸而并未享受幸福的众多男女能够诊断出自己的症状并找出摆脱的方法"。他在该书里既论述了导致人类不幸的诸多原因，又论述了获得幸福的诸多原因，从而使读者能够对照实行，获得实际效果。

为不幸福的人对症下药

在《幸福之路》一书中，罗素没有运用任何高深的哲理，而是把一些自己经历证实过的看法归纳起来，制做出一张获取幸福的良方，希望人们能够据此找出自己生活理念中的病因和治疗方法，找到幸福的真谛并使自己变得幸福。他在序言里说："在以下的篇章里，既无高深的哲理，也无渊博的征引。我只是把通情达理的一些意见归纳起来……因为不少烦恼的人凭着适当的努力可以变得幸福，所以我才写下这本书。"

在书的前半部分，罗素谈了不幸福的原因和现象。他讲到人们不幸福的原因，一部分是由于社会环境，一部分是由于心理素质。显然，这本书主要是剖析世界观、伦理道德观、生活习惯等给人带来的不幸福或者幸福的感受。罗素认为，不幸福的人一般是因为深陷在"自我沉溺"之中而不能自拔，他分析了三种自我沉溺之人，分别是自责者、自恋者、自大者。

第一种类型是自责者，就是那种沉溺于犯错意识的人，也就是那种过于求全责备、追求完美、理想主义的人。他们的特征是，在做任何事情之前先给自己描绘出一幅理想的图画，而实际发生的情况却和自己的理想不断产生冲突，为此他觉得自责、矛盾、苦恼。这种状况实际上是那些对自己要求过高的人在理想与现实的巨大差距面前的一种不适应症。

第二种类型是自恋者，其特征是喜欢自赞自叹并希望受人赞叹。当然这种心理几乎人人都有，但发展过度就会陷入怨天尤人的情绪。换句话说，自恋者显示出一种强烈的虚荣心，虚荣心得到满足的时候就感觉幸福快乐，得不到满足的时候就会觉得失败绝望。罗素认为，一个人只想要社会景仰他，而对社会本身丝毫不感兴趣，他就未必能达到自己的目的，即使能够，也很难感受到全身心的快乐。所以虚荣过了头，漠视关心他人和参与社会活动的乐趣，这种人就不可避免地经常感觉不到生活的幸福。

第三种类型是自大者，这种人自以为了不起，竭力要达到权力的顶峰并一味追求个人名利。这一类型的人权力欲比较强，若是不能征服别人或爬到自己期望的高度他就会不快乐。罗素辩证地分析指出，这种人的自大心理一般是以前的自卑心理所致，如果其欲望被约束在适当范围还可以增加幸福感，如果把这看作是人生唯一的目标，就可能给其"外部世界或者内心世界带来巨大的灾难。"

另外，还有很多混合类型的心态会使人感到不幸福，罗素在书中分别论述了竞争、攀比、疲劳、嫉妒、犯罪意识、被虐、畏惧舆论等等造成不幸福的原因及其对幸福生活的影响，并有针对性地介绍了应对措施。

走上幸福之路的方法

罗素在书的后半部分则告诉人们如何走上幸福之路的方法。首先他分析了产生快乐的因素，然后论述了兴趣、情爱、家庭、工作、休闲、获得与舍弃等因素与幸福的关系。罗素说，幸福，显然一部分要靠外界环境，一部分要靠自身努力。除了外界环境，他认为在个人自身的范围以内，幸福是很简单的事情。也就是说，如果能拥有温饱、健康、爱情、颇有成就的工作、小范围的受人尊敬，就足以使人幸福，这几乎是人人可以达到的自然的幸福。然而还有一种幸福是精神层面上的幸福，其唯一的条件是人们的热情和兴趣向外而非向内发展，也就是说人们想要得到这种幸福，首先要摒弃自我中心，跳出自我，放远目光，客观地看待自己和他人，满腔热忱地融入社会生活。

罗素在书中一以贯之地倡导非自我中心主义，他认为一个人要是过分地关注自我，就好比把自己囚禁在自身欲望的牢笼中难以自拔，并由此产生无尽的痛苦和烦恼。而"非自我中心"的视角则会使自己与他人的对立消失，个人与社会的对立消失，使主观与客观的对立消失。一旦人们除了自己也对身外之人或身外之事产生了真心的关注和付出，精神就会摆脱禁锢而变得开朗起来，幸福的感觉就有可能真正来到身边。

【 阅读指导 】

《幸福之路》并不枯燥，反而很有趣，通俗易懂，不过我们在轻松阅读的时候，也不要忘了将那些富有启示性的语句圈点标注出来，以便加深印象。

书中提及许多著名的人物、事件，我们在阅读时若能多查一些有关的资料，会有助于更好地领悟作者的意旨。

最著名的爱的艺术理论专著
——《爱的艺术》

作　　者：埃里希·弗洛姆

成书年代：1956年

必读理由：关于爱的问题的最好解答

【作者简介】

精神分析心理学家

　　埃里希·弗洛姆（1900—1980年），美籍德国犹太人，国际知名的人本主义哲学家和精神分析心理学家，毕生旨在修改弗洛伊德的精神分析学说以切合发生两次世界大战后的西方人精神处境，被尊为"精神分析社会学"的奠基人之一。

　　弗洛姆生于德国法兰克福市一个犹太人家庭，为家中独子。年轻时的求学经历为：1918年进入法兰克福歌德大学学习两学期法学；1919年暑假后，进入海德堡大学学习社会学，1922年获哲学博士学位；1923年至慕尼黑大学专攻精神分析学；1925—1930年，在柏林精神分析学会接受精神分析训练。多学科多专业的涉猎和学习，为弗洛姆以后的心理研究打下了广实的基础。此后，他一生坚持临床实践，出版著作。

　　弗洛姆思想的特色是企图调和弗洛伊德的精神分析学跟马克思的人本主义学说，因此可以说，其思想是新弗洛伊德主义与新马克思主义的交汇。

【内容精要】

爱的本质和如何发展爱的能力

　　《爱的艺术》被誉为爱的艺术理论专著最著名的作品，这本书从人类最关注的爱情话题着手，探讨了爱的本质、爱的历史以及爱在现今时代所遇到的价值和精神危机。

弗洛姆认为，爱情与人的成熟程度有关，不是只要投入身心就能获得爱情的感情。如果不努力发展自己的全部人格并以此达到一种创造倾向性，那么每种爱的试图都会失败。如果没有爱他人的能力，如果不能真正谦恭地、勇敢地、真诚地和有纪律地爱他人，那么人们在自己的爱情生活中也永远得不到满足。

弗洛姆进而提出，爱是一门艺术，要求想要掌握这门艺术的人有这方面的知识并付出努力。在这里，爱不仅仅是狭隘的男女爱情，也并非通过磨炼增进技巧即可获得。爱是人格整体的展现，要发展爱的能力，就需要努力发展自己的人格，并朝着有益的目标迈进。

【必读理由】

关于爱的问题的最好解答

在书中，弗洛姆不仅考察了"爱情"这两个字通常所指的两性的爱，更多地考察了人类所有的其他意义上的爱，包括母爱、博爱、性爱、自爱和神爱。这些对不同类别爱的意义和在人类日常社会生活中的现实作用的阐述，组成了本书的主要内容。

在具体论述时，弗洛姆则通过对比、分析、归纳和引用等多样化的写作手法，对爱的性质、表现、现实意义、生理学心理学价值等作了深入浅出的论述，清晰的思路、晓畅干练的文字、扎实的学术和理论功力、循循善诱的解说，整部书读来让人感觉轻松自如。为了进一步帮助读者理解各类爱在人类精神世界中的作用，作者对一些与自爱相近或相关的概念进行了辨析，比如自爱和利己、自爱与忘我的关系，通过对自爱的辩证和说明，为在现代心理学中有积极意义的"自爱"正名，指明爱自己与爱他人并行不悖而不是此消彼长。

在这本书中还有许多启发人的精辟观点，例如：

"爱并不是某个具体人的一种关系，而更多的是一种态度，一种性格上的倾向。这种态度决定的是一个人与整个世界的关系，而不仅仅是决定与自己爱的对象的关系。"

"如果你爱自己，你就会像爱自己一样爱所有人。如果你对别人的爱少于对自己的爱，你在爱自己的时候也不会成功。如果你爱所有人，包括你自己，那么你就是把他们当作一个人来爱，就是一个伟大而公正的人。"

　　弗洛姆强调爱的主要的特点是给。一个人应该把他内心有生命力的东西给予别人。他应该同别人分享他的欢乐、兴趣、理解力、知识、幽默和悲伤——简而言之就是一切在他身上有生命力的东西。通过他的给，他丰富了他人。给不是为了得，而是为了使他人产生某种有生命力的东西。给予者和接受者都会因为这种有生命力的东西的产生而快乐。

　　总的来说，这本书最可贵之处，不在于能为每个读者切实解决生活中的现实问题，而是通过对爱的阐发矫正现代人心底对爱的误认，让人们重新拾起爱的关怀，重建对于爱的信心。

【 阅读指导 】

　　阅读《爱的艺术》时，我们应联系到平时的生活经验以及切身的人生感悟和思考，这样能够让自己对爱的理解更深入，更接近客观实际。

　　另外，书中的精彩语句很多，我们阅读的过程中应该做好摘录。

滋养心灵的哲理美文
——《心灵鸡汤》

编　　者：马克·汉森和杰克·坎菲尔

成书年代：1993年

必读理由：使心灵回复光彩和活力的哲理美文集

【作者简介】

成功改变人生的畅销书策划者

马克·汉森是全美著名的激励演讲者。他在26岁那年做生意失败因而破产，一度沮丧地想要结束自己的生命，却因为捡到一张激励演讲会的入场券，在听完演讲后走出生命的低潮，决定成为一名全球性的超级演说家。出版畅销书《心灵鸡汤》，因而改变了自己的人生，并且在35岁时成为亿万富翁。

《心灵鸡汤》系列的另一个策划者杰克·坎菲尔既是演员又是作家，他曾当过中学教师、大学讲师、精神理疗师和人生成功学方面的教练，他还著有《成功法则》等畅销书。35年来，他为20多个国家的公司、大学、非盈利性组织以及大众开展了人生转型方面的讲座，还在150余个电视栏目及600余个广播节目中和大家共享了他的开创性理念。

【内容精要】

贴近心灵的短篇哲理故事集

《心灵鸡汤》由马克·汉森和杰克·坎菲尔编著，已成为世界上最畅销的系列读物之一。本书收录了近百篇的故事，每个故事的作者都提供了他们的生活体验和处世哲学，编者再依主题分类，编成包括爱的力量、学习爱你自己、教养之道、论学习、让梦想成真、克服障碍、处世智慧等七大不同主题的单元。本书的内容是日常生活中的点点滴滴，虽然简朴，但也发人深省。

后来，编者又出版了《心灵鸡汤Ⅱ》和《心灵鸡汤Ⅲ》。《心灵鸡汤》系列现有105个分册，印刷总量超过了1亿册，被译成40多种文字在世界发行。

【必读理由】

使心灵回复光彩和活力的哲理美文集

人生道路向来都是曲折的，每个人都在这条道路上忍受着各种各样的煎熬。生活的烦琐、工作的压力、人际关系的错综复杂，使我们的心灵承受了太多的负担，原本纯净的心灵沉积了太多的灰尘。如果我们的心灵总是被自私、贪婪、卑鄙、懒惰所笼罩，那么就算拥有财富和权势，我们的心灵也不可能得到片刻的慰藉。人生漫长的旅途中，存在着很多无法预料的困难和诱惑，这会打击我们的自信，遮挡我们的视线，更会使我们难以分辨前进的道路。人生，需要鼓励与期望；心灵，需要温暖与呵护。

《心灵鸡汤》其书如其名，旨在借其中浸透关爱与挚诚的字句，犹如香浓滚热的鸡汤滋养辘辘饥肠一般，润泽那些在生活风雨中被擦伤冻僵、被尘封垢污的心灵，使之回复初始的光彩和活力。

全书共选100多个故事，每一个都蕴涵了深刻的道理。例如：卷七中的一个故事——《野雁的感觉》，讲的是一群大雁互相帮助，飞往南方。一路上，它们遇到了许多困难，但它们齐心协力，借助团队的力量，最后成功到达了南方。故事中点评的语言让人印象深刻——"没有一只鸟会升得太高，如果它只用自己的翅膀飞升。"这个小故事告诉人们：何止是鸟，其实人也一样，人与人之间只有互相帮助，才能获得更大的成功。团队的力量是强大的，一个人如果脱离了团队，就不能获得足够的帮助来赢得成功。

又如另一个经典故事《寻找》：有一个人，从小离开了他的家，去寻找人生的意义。他找了20年，走了几千里路，找得非常辛苦。最后，在一个晚上，他经过一个农家，看见农夫和他的太太、小孩正在一块说说笑笑，享受天伦之乐。他看了之后，觉得已经找到人生的意义，就结束了他的流浪，回到家里去了。这个故事让许多人感悟到：家庭的温暖，任凭踏遍天涯也找不着。

《成功的演奏家》也是一个令人印象深刻的故事：有一位小提琴家，在演奏会上拉提琴。他拉着拉着，G弦忽然断了，怎么办呢？他没有停下来，而是立刻换了一个曲子，这个曲子从头到尾可以不用G弦。他演奏得非常成功，听众给了他热烈的掌声。这个故事告诉我们：人生就是要勇敢地面对挫折，遇到阻碍时应转一个方向另求发展。

编者以独到的眼光，遴选了许多这样貌似平凡却让人读来回肠荡气的小短文。它们来自于普通的生活琐事，带着毫无矫饰的朴素率真之美，营造着真善美之上的极致情境。它们以简短、精练的语言为读者讲述了一个个充满哲理的小故事，给读者一种真实感和亲切感。

《心灵鸡汤》系列书册出版后十分畅销，编者和出版社每周收到成百封读者来信。他们谈到从书里的那些故事中发现和领悟到爱、希望、信心和鼓励，从而深深地影响了他们的生活。

【 阅读指导 】

许多人一口气读完本书，而且收效不错，不过我们还是建议大家放慢速度。花点时间，慢慢品味每个故事——就像品味一杯好茶——细细啜饮，思索每个故事所蕴含的生活意义，如此我们会发现每个故事都回味无穷，都能从不同方面滋养我们的心灵、头脑和灵魂。

《心灵鸡汤》收录的故事精彩丰富，我们也建议大家把自己最受启发的故事剪贴出来，以便时常阅览。

教你如何善待自己
——《接纳不完美的自己》

作　　者：黛比·福特

成书年代：20世纪90年代

必读理由：让我们活得真实而快乐

　　　　　对自己的内心特质抱以包容和关怀

【作者简介】

全美第一名的畅销书作家

　　黛比·福特，全美第一名的畅销书作家。她在28岁以前过着放纵的生活，嗑药、酗酒、感情混乱，"性、禁药、摇滚"是她矢志不渝奉行的人生准则。然而，某一天她醒来时，突然产生改过自新的冲动，并且发现"只有自己能够拯救自己"。经由内在力量的转化，她从黑暗中汲取智慧和能量，从而蜕变为一个完整而成功的人，并写出名作《接纳不完美的自己》。

【内容精要】

接纳不完美的自己，活出完整的生命

　　福特以这本《接纳不完美的自己》向普罗大众贡献出自己的经验与才能，期待人人自爱，人人从生命的黑暗中获得大礼，活出真实的自己。她在这本书中指出：每个人都是不完美的，每个人身上都有自己不愿意触碰的一面——阴暗面，亲人朋友不愿意接受，连我们自己也无法面对。于是，我们不惜代价、竭力伪装成人人喜欢的好人，活得很累。事实上，我们的每个缺点背后都隐藏着优点，每个阴暗面都对应着一个生命礼物：好出风头只是自信过度的表现，邋遢说明你内心自由，胆小能让你躲过飞来横祸……阴暗面也是生命的一部分，只有真心拥抱它，我们才能活出完整的生命。

【必读理由】

让我们活得真实而快乐

"接纳不完美的自己"意味着允许原谅自己曾经或者可能犯下的不妥当的事，承认它、接纳它、放下它，生活才能够步入美好的积极的本该行驶的轨道。允许自己拥有自己所梦想的生活，当你愿意面对时，同时又足够投入时，你就拥有了靠近自己梦想和心灵的力量。

"接纳不完美的自己"提倡除了接纳自己的消极方面，还要接纳自己积极的一面。例如：我懒惰，我能不能勤快起来呢？告诉自己，我偶尔可以懒惰一下，这是接纳懒惰的自己。同样还要告诉自己，我也有勤快的一面，要接纳勤快的自己。如果总是告诉自己，我是不勤快的，那么我勤快的特质也是被压抑的。把自己勤快的特质激发出来，才是接纳了勤快的自己。接纳消极的自己和积极的自己，向着积极的自我迈进，我们也因此而活得真实快乐。

对自己的内心特质抱以包容和关怀

作者通过这本书想要告诉我们：每个人的内心都携带了全人类所有思想和情感的信息。人类的情感包含积极的和消极的，如爱和恨、美与丑、勇敢与怯懦、优雅与粗俗、无私与贪婪、健康与病弱，这些人类身上的特质在外部条件成熟时，就可能在任何一个人身上表现出来。只有理解了这种现象才能认识人生的本质，并找到真正的智慧和无限的自由。

我们作为人类的一分子，包含了全人类在所有方面的潜能，所有人都拥有爱、力量、创造力、同情心，也都拥有弱点、贪婪、私心和愤怒，只是表现出来的程度不同而已。这些都是完整自我的一部分。因此，要找回完整的自我，我们必须对自己内心中潜藏的每一种特质都抱以包容和关怀的态度。

【阅读指导】

这本书有许多涉及宇宙与人的灵性等方面的哲理话语，我们在阅读时应多加思索，以便更好地理解。对于书中许多激励人心的精彩语句，建议做好摘录。

转变无数人的生活态度
——《不抱怨的世界》

作　　者：威尔·鲍温

成书年代：2009年

必读理由：转换对世界的抱怨意识

【作者简介】

美国最受尊崇的心灵导师

　　威尔·鲍温，美国最伟大、最受尊崇的心灵导师之一。他还是密苏里州堪萨斯市基督教会联盟的主任牧师，在牧会之前，有多年从事广播和行销等工作的经验。他通过其最有名的著作《不抱怨的世界》发起的"不抱怨"运动，改变了无数人的命运。

【内容精要】

抱怨不如改变

　　《不抱怨的世界》是一本震惊世界的心灵励志书，它向我们传递了"抱怨不如改变"的生活理念。作者指出：抱怨是最消耗能量的无益举动。抱怨自己的人，应该试着学习接纳自己；抱怨他人的人，应该试着把抱怨转成请求；抱怨老天的人，请试着用祈祷的方式来诉求你的愿望。这样一来，你的生活会有想象不到的大转变，你的人生也会更加美好、圆满。

【必读理由】

转换对世界的抱怨意识

　　这个世界可以抱怨的事情太多了，这个世界习惯抱怨的人也太多了，所以威尔·鲍温写这本书，想让大家了解形成抱怨的原因是什么？我们为何会抱怨？抱怨能给我们带来什么"好处"？抱怨又是怎样摧毁我们的生活的？

威尔·鲍温在这本书里指出了抱怨的危害：我们抱怨，是为了获取同情心和注意力，以及避免去做我们不敢做的事。但是，抱怨只会带来暂时性的"好处"，它最终将我们的人生拖入绝望和混乱。抱怨困难并不会让它得以解决，也不会减轻我们内心的痛苦。我们抱怨不公平的一切，就是企图在用汽油来灭火，这个世界听到了这些抱怨，反而会带来更多的灾厄给我们。

威尔·鲍温指出："常年抱怨的人最后可能被周围的人们放逐，因为他们发现自己的能量被这个抱怨者榨干了。"他的这个说法很有道理，我们留意生活就会发现，习惯抱怨的人不讨人喜欢，慢慢地就会陷入孤独中。

抱怨对个人的成长有很多害处，作者醒目地指出："抱怨易迷失自己"，会把失败的原因一股脑儿推给环境，在不断的抱怨中，对自己却更加迷茫了：自己的位置在哪里？责任是什么？甚至有的人还因此而自大起来，云里雾里，不明就里。

威尔·鲍温不仅指出了抱怨的危害，也给出了停止抱怨的对策：首先，我们要明确个人与社会、与环境、与自己的关系。在一个人的成长过程中，个人努力的成分占得很大，包括个人的理想信念、个人的专业知识水平等，然后才是环境的效应。但我们必须努力融入环境，走出自己的狭小范围，建立大我境界、观瞻远大世界，才能感到自己的渺小，才能寻回自我，摆正自我。其次，我们要着眼小事、着手平凡事，给自己创造成功的机会。当我们有了一次次的收获时，我们就是成功了，哪怕这是小小的成功，它也是交换我们心中抱怨的甘泉。

所以，威尔·鲍温建议我们抱怨之前，先想想：如果我们对自己坦诚，就会发现生命中足以让我们正当抱怨（表达哀伤、痛苦或不满）的事件，其实寥寥可数。我们的抱怨多半都只是一堆"听觉污染"，有害于幸福与美满。

因此，他希望通过这本书，让所有习惯抱怨的人，能享受当下的生活，变得平和而喜乐，最终转换对这个世界的意识，学习为自己创造美好的生活，让这个世界充满平静喜乐、活力四射的正面能量，为自己创造心想事成的无怨人生。

【阅读指导】

这本书通俗易懂，我们只有将书中的道理实践于现实生活中才会有收获。

第六章

最实用的指导书：掌握为人处世的技巧

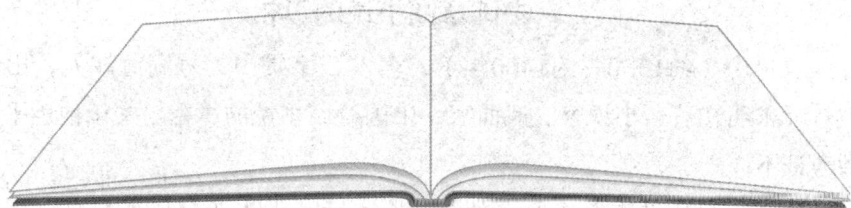

处世权谋与人生智慧的杰作
——《三国演义》

作　　者：罗贯中

成书年代：明嘉靖年间

必读理由：向刘备、贾诩等人学习做人之道

　　　　　向曹操、司马懿等人学习做事之道

　　　　　借鉴悲剧性人物的为人处世教训

【作者简介】

中国章回小说的鼻祖

罗贯中（约1330—约1400年），名本，字贯中，号湖海散人，山西太原人。元末明初著名小说家、戏曲家，中国章回小说的鼻祖。关于他生平的记载和考证不详。

他一生著作颇丰，主要作品有：剧本《赵太祖龙虎风云会》、《忠正孝子连环谏》、《三平章死哭蜚虎子》，小说《隋唐两朝志传》、《残唐五代史演义》、《三遂平妖传》、《粉妆楼》等。《三国演义》是他的代表作，据说《水浒传》也是他和施耐庵合著的。

【内容精要】

魏蜀吴三国的争斗

《三国演义》以东汉末年及魏、蜀、吴三国历史为题材，是作者在民间传说和民间艺人创作的话本、戏曲的基础上，运用了陈寿的《三国志》和裴松之注的正史材料，结合自己丰富的生活经验写成的。

《三国演义》从东汉末年的黄巾起义写起，到西晋武帝太康元年全国统一为止，前后共97年。它描述了三国时期纷繁的事件和众多的人物，广泛地反映了当时的社会生活。它通过三国之间军事、政治、外交事件的描述，形象生动地反映了当时各种斗争的经验和智慧。

这部小说"尊刘贬曹"的思想倾向十分鲜明。作者把刘备、诸葛亮作为仁君、贤相的典型来塑造，希望他们君臣际会，作出一番功业，统一中国，使百姓安居乐业。对于曹操，作者虽不赞成由他来统一天下，但在写他同北方军阀进行斗争时，却如实地描述了他的雄才大略。此外，《三国演义》还大力宣扬了刘备、关羽、张飞三个结义兄弟的"义气"。

【必读理由】

向刘备、贾诩等人学习做人之道

《三国演义》描写了众多人物，几乎社会上各种人物的性格特征在这部小说里都有体现。不同的性格为人导致了不同的做事方法，不同的做事方法最终决定了成与败。这部小说给读者印象最深、最珍贵的便是不同人物"为人处事"的智慧或者教训。

我们可以学习书中不同人物身上的优点，来帮助我们获得成功。例如向刘备、贾诩等人学习做人之道。

在《三国演义》里，刘备是一个实力最弱的主，没有袁绍的兵强马壮，没有曹操挟天子以令诸侯的优势，也没有孙权退可守、进可攻的池城；兵不过几千（最多时不过几万），除了关、张、赵几位虎将外，他连一个安身之所都没有。可是一路走来，他却与曹操、孙权三分天下，做了蜀国的开国皇帝。究其原因，除了他胸怀大志、目标明确之外，最重要的原因恐怕与他"以仁义之心"待人是分不开的。

刘备对部下都很恭敬，他毫不骄纵霸道，能真正折节下士。"士之下者，必与同席而坐，同簋而食，无所简择。"他与张飞、关羽桃园结义，他三顾茅庐得诸葛亮辅佐，他终生礼贤下士，以情谊为重，所以他的部下对他都很忠心。

他能够以侠义之心救人于危难之中。"北海解围"一章：太史慈得脱，星夜投平原来见刘备，施礼罢，具言孔北海被围求救之事。并告之："闻君仁义素著，能救人危急，故特令某冒锋突围，前来求救。"玄德敛容答曰："孔北海知世间有刘备耶？"乃同云长、翼德点精兵三千，往北海郡进发。刘备在此之前与孔融素不相识，尚能急人所急。

在对待徐庶的问题上，刘备颇有"仁"者风范。当徐庶得知母亲被曹操囚禁，辞别刘备时，刘备不肯听从孔融的建议，强留徐庶，而是顾全其母子之情，忍痛应允。分别时，刘备又亲送徐庶出城，置酒饯行，不忍相离，甚至要"尽伐树林"，以免阻挡"望徐元直之目"。刘备的仁义，正是后来徐庶推荐诸葛亮和不肯为曹操效力的原因所在。

刘备待民如子，得到众人的拥护，获得广泛的支持。他任中山府安喜县尉，署县事一月，与民秋毫无犯，民皆感化。他在率领集团全体成员转战大江南北之际，所到之处也都与民秋毫无犯。尤其是曹操大军南下荆州之时，刘备领着数千人马在当阳自顾不暇之余，仍顾及数十万逃难的民众，坚持携民渡江，留下了爱民如子的口碑。时至今日，刘备在做人方面的诸多成功经验，仍然值得我们认真学习和借鉴。

《三国演义》里贾诩也是一个极具处事智慧的人物。在他身上，我们可以学到低调做人，保全自己的智慧。

贾诩神机妙算，奇谋百出。曹操有事需要他的时候，他就给出出主意；不需要他的时候一声不吭，多余的话从来不说。曹操官渡之战、潼关破马超，都有贾诩的功劳。曹操有此智谋之士，对其很是信赖。然而贾诩并没有因为得到曹操的赏识而得意忘形。他总是以自己并非曹操的旧臣时时警醒自己。贾诩下朝之后马上回家，从来不与别人私下交往。贾诩除了拿自己应得俸禄，外财分毫不取。不仅如此，他还不准自己的子女与权贵结亲。贾诩低调做人为的是消除曹操对他的猜疑，确保自己和家人的安全。

此外，诸葛亮、关羽、赵云等正面人物也教给我们许多做人之道。诸葛亮在为人方面可谓做到仁至义尽，他为匡扶汉室，辅佐刘备三国鼎立，之后白帝城受托孤，又辅佐刘禅固守汉室天下。"三顾频烦天下计，两朝开济老臣心"，对汉室忠心耿耿，绝无异心，鞠躬尽瘁，死而后已。关羽被历代视为"重言诺、讲信义"的典范，"一言九鼎"的化身。他的忠贞不贰和知恩图报，可谓义薄云天。这些正面人物都因为高风亮节而留下美名，他们高尚的人格或智慧的做人态度都是值得我们学习的。

向曹操、司马懿等人学习做事之道

有一句话说，"做人学刘备，做事学曹操"，不无道理。对于曹操的评价历来毁誉不一，然而有一点是可以肯定的，就是鲁迅所说的"他是一个有本事的人"。

从他的名言"宁教我负天下人，休教天下人负我"，我们能看出他是一个自私的人。《三国演义》塑造的曹操形象在做人方面不可取，但他做事却非常成功，他的一生中处处体现着做事的智慧与练达。

曹操20岁时初入仕途，任洛阳北部尉，就有不凡之举。他造了十余根五色棒，悬于衙门左右，有犯令者，皆用五色棒打死。大宦官蹇硕的叔父无视禁令，仗势夜行，曹操即将其棒杀。此事在京城引起轰动，连达官显贵也因此有所收敛，不敢冒犯。曹操还上书，为窦武、陈蕃申辩，矛头直指专横的宦官，抨击了腐败的朝政。后来，他又上书揭露朝廷三公之官受贿乱政之事。

曹操的真正发迹是从镇压黄巾起义开始的。他亲历变乱，目睹董卓之害，积极参加了当时关东各地军阀联合反董的斗争，后来一步步地走向了成功，成为实力最强的政治势力。他的成功之道在于：

第一，尚勇崇智精神与作为军事家的谋略才能。曹操在军事方面很讲究策略。起初，他拉拢北方最大军阀袁绍，避免与之过早交锋，先腾出手，击败其他较弱的势力，然后矛头对准袁绍制其于死地。在开辟和巩固兖州根据地中展现了他的地理战略眼光，在官渡之战、郭嘉遗计定辽东等统一战争中更显示了他的军事才能。政治上的得势，使曹操更加雄心勃勃，立志歼灭群雄，平定天下。

第二，知人善用、注意协调人际关系的人才观也是曹操举大事成功的原因之一。曹操的最大特点是"唯才是举"，很注意招纳、使用人才，而且不拘一格。他的许多大将就是从士兵、俘虏中发现提拔重用的，这些人能征善战，肯为曹操卖力。对于文人谋士，曹操也能够以礼相待，量才使用。他的重要谋士如荀彧、荀攸、郭嘉等都是慕名而来的。特别是郭嘉，年纪很轻，出身贫寒，曹操发现他很有才能，就委以重任，成为自己随身的大谋士。到了后期，曹操求贤愈切，曾三次下令求贤，说只要有"治国用兵之道"，即使有严重的缺点，都能提拔重用，基本方针是"唯才是举"。三国时期的曹操、刘备、孙权都很重视贤能，但只有曹操敢于"冒天下之大不韪"，明确提出"唯才是举"的方针，故他拥有一流而且人数众多的智囊团。

像曹操一样，司马懿也是个受人争议、褒贬不一的人物。最后三国一统归于晋，可以说，司马氏集团是三国最后的赢家。事实上，司马懿在处事方面，确实有许多值得我们借鉴之处。

当曹操势力日益强大，拥兵百万，东征西讨，即将独霸天下之时，司马懿主动以草堂鼾声吸引曹操的注意，从此得到曹操的重用。由此可见，司马懿很会审时度势，把自己用在最关键的时候。

司马懿处事谨慎，荣辱从不表现于外表。他在当世奸雄曹操面前能争得一席之地。跟诸葛亮对峙中，诸葛亮派使者送来一件女人衣服给他，这本是对他莫大的耻辱，其部下们也早就气得火冒三丈，要与蜀军势不两立，他竟然心平气和地把它穿在身上，给使者展示。因为他料到蜀军粮草不济，有信心不战就能拖垮蜀军。正因为他处事荣辱不惊，不意气用事，所以他成为谋士中活得最久、成就也最大的一个。

此外，孙吴集团也有许多善于谋事的大将，诸如鲁肃、周瑜、陆逊、吕蒙等，他们调兵遣将都有许多精彩的故事，其中也渗透了许多处事智慧。

借鉴悲剧性人物的为人处世教训

《三国演义》中也有许多悲剧性的人物和故事。例如：恃才放旷的杨修，矜功自傲的许攸，骄傲自大的关羽，刚猛性烈的张飞，才高量狭的周瑜，贪婪好色的吕布，优柔寡断的袁绍等，最终都落得了惨死的结局。还有与诸葛亮齐名的"凤雏"先生庞统，只因为嫉妒诸葛亮的功勋，想与他一争高下，于是急于求成，欲早建奇功，结果在落凤坡一命呜呼，满腹才华尚未完全施展就付之流水。

这些人都非平庸之辈，但因为性格中的致命弱点，所以才无一善终。可见一个人如果性格孤僻、偏激、清高、自私、自高自大、目空一切、贪婪、心怀嫉妒，或做事瞻前顾后当断不断，喜欢卖弄小聪明，结果往往是在社会中处处碰壁，最后引火烧身，落得一个悲惨的下场。这些教训对我们为人处世不乏警示意义。

【 阅读指导 】

精彩名著《三国演义》内涵丰富，博大精深，历来是"仁者见仁，智者见智"。每个人在阅读过程中的见解和看法不一样，我们应该把自己的阅读感悟及时记下来，最好采用作旁注的方式。这样既能提高笔记的质量和效率，又方便自己回看时的进一步思考。

中国古代最著名的处世哲学大全
——《菜根谭》

作　　者：洪应明

成书年代：明万历年间

必读理由：一部古人处世哲学大全

　　　　　三点实用的处世原则

【作者简介】
生卒籍贯不祥的明代作家

　　洪应明，字自诚，号还初道人，生卒年月和藉贯不详，有《菜根谭》传世。根据他的另一部作品《仙佛奇踪》，我们得知他早年热衷于仕途功名，晚年归隐山林，洗心礼佛。万历三十年（1603年）前后曾居住在南京秦淮河一带，潜心著述。洪应明胸怀宽厚，见闻广博，经常出入私塾和佛寺，精通儒、释、道三家学说，与明代思想家袁黄（号了凡）、学者冯梦桢等人有所交往。

【内容精要】
论述为人处世之道的警世语录集

　　《菜根谭》是明代还初道人洪应明收集编著的一部论述修养、人生、处世、出世的语录体集。书里阐述了为人处世、淡泊从容、修身养性、怡情适性、功业成败、返璞归真等几方面内容，融合了儒家的中庸、道家的无为和佛家的出世思想，从而形成了一套独特的为人处世方式，表现了古人对人生、人际、人性的见解。

　　之所以以"菜根"为名，原因众说纷纭，其中大部分人认为这是源于宋代学者的一句古语——"人能咬得菜根，则百事可做"。作者借此书表现了甘于清贫的淡然态度和平凡超脱的生活理想。

【必读理由】

一部古人处世哲学大全

《菜根谭》是一部反映古人处世哲学大全的奇书。300多篇的语录，文体简洁鲜明，内含处世、禅语、道语、趣语、劝善语等，文风之妙，实乃字字珠玑，句句意景，可谓登峰造极。此书人人皆可读，而且会得益匪浅。

在纷纭众生中，有从政者、从学者、从工者、从商者、从农者、从军者等等，每个人在各自的环境中，难免会碰上或多或少的矛盾。在家里，有父母、兄弟、妻儿、亲朋等等，互相之间不时也有感情的碰撞。这时，人们就需要《菜根谭》的智慧。政治家可以从中找到经邦治国的谋略，比如"议事者，身在事外，宜悉利害之情；任事者，身居利害之中，宜忘利害之虑"；商人可以从中找到机智，一种知进退的机智，一种以仁取胜的机智；僧侣则会发现博大的慈悲胸怀，比如"为鼠常留饭，怜蛾不点灯，古人此等念头，是吾人一点生生之机。无此，便所谓土木无骸而已"。平凡人则于其中可以明白许多为人处世之道，比如："涉世浅，点染亦浅；历事深，机械亦深。故君子与其练达，不若朴鲁；与其曲谨，不若疏狂。"告诉我们，君子与其处事圆滑，不如保持朴实的个性；与其事事小心谨慎委曲求全，倒不如豁达一些，才不会丧失纯真的本性。"疾风怒雨，禽鸟戚戚；霁日光风，草木欣壮欣。可见天地不可一日无和。"告诉人们，要微笑着面对生活，人们喜欢风和日丽的春景，同样，人们也喜欢平和快乐的人生。一个人保持一种健康、豁达、安然的心态，那么他周围的世界就是一个欢快美丽的世界。《菜根谭》中的精金美玉实在太多，几乎句句都是，这里无法一一详细列举。

总之，全书上至治国、平天下，下至修身、齐家，人世中的大道至理无所不包，其语言精警，文辞隽永，含义深邃，易懂好记。读者若能将此书300多棵"菜根"细细咀嚼，心领神会，将能在生活中化干戈为玉帛，避免损失。

三点实用的处世原则

我们知道，《菜根谭》所提倡的处事原则、处世方法、处世手段是十分广博的，涉及人际交往中的方方面面。然而，其中所提倡的处世哲学主要有以下三点：

一、提倡安贫乐道，淡泊名利。安贫乐道，是治国、平天下的大经络；淡泊名利，是个人修身养性的原则。作者在《修省》篇中反复强调，不要把富贵名利看得太重，而要耐得住贫寒寂寞，惟有这样才能在纷繁复杂的世界悠游自处，如鱼得水，游刃有余。如同他在《评议》篇中告诫的那样："富贵是无情之物，看得它重，它害你越大；贫贱是耐久之交，处得它好，它益你反深。"

二、提倡克己博爱，宽以待人。《菜根谭》所有的思想都闪烁着这一处世思想的光芒。"克己"的内容十分广泛，但首要的是要节制欲望，要能制怒。要清心寡欲，抑制各种欲望，各种怒火要抑而不发。作者在《修省》篇中形象地说："人欲从初处剪除，便以新刍剧斩，其功夫极易；天理自乍明时充拓，便如尘镜复磨，其光彩更新。"在《应酬》篇中提出了一种节欲制怒的方法："己之情欲不可纵，当用逆之之法以制之，其道只在一忍字；人之情欲不可拂，当用顺之之法以调之，其道只在一恕字。"人不可能不产生各种欲望，关键是如何调整自己的欲望并善于控制。薄以待己，宽以待人，是人际交往、处世酬人不可或缺的原则之一。

三、提倡心地坦白，慎于独处。慎独是儒家一贯提倡的修身处世原则。为人处世要光明磊落，做个正人君子，对自己心安理得，对人开诚布公，无所愧悔，也就无所畏惧。如果当面一套，背面一套，见人说人话，见鬼说鬼话，就会失掉朋友。正如《概论》篇中所言，只有"不昧己心，不拂人情，不竭物力"，才能"为天地立心，为生民立命，为子孙造福"。

这三点处世哲学对每个人而言，均有教益，我们在日常生活中应当加以实行。因为，这是中国人千百年来总结的几点最实用的处世原则，它们可以让我们更好地生活。

【阅读指导】

读《菜根谭》须静静地读，细细地品，用心感悟，方能领略到它的哲学和智慧。鉴于书中的许多语句对我们为人处世均有启悟之效，为了牢记，应当根据自己的需要，将其摘录下来。

具有永恒价值的处世奇书
——《智慧书》

作　　者：巴尔塔沙·葛拉西安

成书年代：1647年

必读理由：300则修成处世智慧的实际法门

【作者简介】

影响深远的西班牙思想家

　　巴尔塔沙·葛拉西安（1601—1658年），西班牙哲学家、思想家，耶稣会教士。1601年出生于西班牙阿拉贡的贝尔蒙特村。1619年，进入耶稣会见习修行，此后历任军中神父、告解神父、宣教师、教授及行政人员等职。1637年，其处女作《英雄》问世，旋即引起轰动；1640年，讨论领袖素质的《政治家》出版；1643年，分析诗歌的《诗之才艺》出版；1647年，巅峰之作《智慧书》问世。

　　葛拉西安因其笔锋犀利、讥讽政治，被耶稣会警告，未获批准不得出版作品。1651年，寓言小说《批评家》问世。为此，他被耶稣会解除了教席，放逐至一乡下小镇，直至1658年终老于此。葛拉西安一生坎坷，他的思想却对许多欧洲著名道德伦理学家以及德国17—18世纪的宫廷文学和19世纪的哲学产生了重要的影响。

【内容精要】

待人之理，律己之道

　　作者巴尔塔沙·葛拉西安这个满怀入世热忱的耶稣会教士，对人类的愚行深恶痛绝，但他的这本《智慧书》全书极言人有臻于完美的可能，并认为只要佐以技巧，善必胜恶，完美并不靠宗教上的启示，而取决于人的资质与勤奋、警觉、自制、有自知之明及其他明慎之道。

所以这本书谈的是知人观事、判断、行动的策略，是使人在这个世界上功成名就且臻于完美的策略。全书由300则箴言警句构成，蕴含待人之理、律己之道，堪称则则精辟、字字珠饥。

【必读理由】

300则修成处世智慧的实际法门

欧洲有许多学者相信，千百年来，人类思想史上具有永恒价值的处世智慧包含于三大奇书：一是意大利政治思想家和历史学家马基雅维里的《君王论》，二是中国的《孙子兵法》，三就是这本《智慧书》。如果我们从处世智慧方面来评价，《君王论》主要是针对那些处心积虑希望取得或保有王权的帝王而写，《孙子兵法》则主要针对那些运筹帷幄的将帅而写，而《智慧书》却是为每一个人写的书。

为人处世是每个人一生的功课，这门功课是博大精深的，而大凡能成就伟业者，无不是深谙处世之术的人。他们能够洞悉别人的意图，审视自己的处境，从而进退自如。巴尔塔沙·葛拉西安告诉人们，只要学会了某些必要的生活技巧，就有可能为自己找到战胜困难与邪恶，从而获得幸福的道路。

《智慧书》给人印象最深的，是它在鞭辟入里地剖析人性底蕴方面显示出的登峰造极的智慧。整本书系统、全面地描述了人性，作者以一种令人感到惊异的冷峻客观态度，极深刻地描述了人生处世经验，为读者提供了战胜生活的尴尬、困顿与邪恶的种种神机妙策。通过这些多姿多彩的人生格言，人们不仅能获得克服生活中可能出现的逆境的良方，更重要的是可以增强对生活的理解和洞察力。例如：

他说："凡欲使其天赋得到自然发挥者，须使其才华依托其性格与聪明二者。若只依靠其中一个，则只能获得一半的成功。"这告诉人们：光靠聪明成不了大事，还得有一个适合自己的良好性格才成。我们在行事时，应顾及自身的具体条件、地位、出身及朋友关系。

第三则"勿使所行之事公开亮底"，作者看透了一个普遍存在的人性弱点：爱打探和议论他人之事。基于这点，作者告诉人们：神秘就是靠其神秘性来赢得敬重的。即使必须道出真相，也最好避免什么都和盘托出，不要让人把你里里外外都一览无余。

第五则"培养人们对你的依赖心理",作者深谙人性的另一弱点:大多数人的一切行动都是为了满足自己的需要。饮足井水者往往离井而去,橘子被榨干汁水后往往由金黄变为渣泥。一旦他人对你不再有依赖心,也就不再对你毕恭毕敬。经验启示给人最重要的教训是:维持别人对你的依赖心理,不要完全满足其需求。所以,真正的聪明人宁愿人们需要他,与其别人对他彬彬有礼,不如别人对他有依赖之心。值得一提的是,作者在点出这一处世原则时,还能辩证地看问题,提醒读者践行此法时不可过分,不要只是引而不发从而使人误入歧途,也不要只为一己之利而无视他人病入膏肓。

以上仅举前几则为例,从中,我们可以感受到这本书所提供的处世体验和方法极其深刻,也极其实用。

葛拉西安行文的简洁和叙述的精警,也值得一提。可以说,他在这本书中尽量用最少的语言给予别人最多的思想,最好的方法。

全书共有300则箴言警句,作者凭借其对世人的精准观察与深刻的处世体验,对于人情世局的诡谲多变,提出了既符合道德又能有效成事的应对之道,充满了无价的生活智慧和修成智慧的实际法门。

【 阅读指导 】

和所有警句一样,本书的读法是细嚼慢咽,且每次少许即可,以便体会个中三昧。

令许多人获益的处世奇书
——《围炉夜话》

作　　者：王永彬

成书年代：清咸丰甲寅二月（1854年2月）

必读理由：轻轻松松"话"出处世哲理

　　　　　进行教育和人格培养的方法指南

　　　　　说稳当话做本分人等处世智慧

【作者简介】

行藏不详的清代作家

王永彬，清咸丰时人，具体行藏不详。其所写《围炉夜话》分为221则，以"安身立业"为总话题，与明人洪应明写的《菜根谭》、陈继儒写的《小窗幽记》并称"处世三大奇书"。

【内容精要】

221则处世格言

《围炉夜话》是以短小精辟、富有哲理见长的格言体之作。全书分为221则，以随笔的形式阐发了安身立命的主旨，涉及人生的诸多方面，如修身养性、为人处事、持身立业、读书立志、安贫乐道、济世助人、持家教子、忠孝节义、为官执政等等。书中体现出作者身上具有浓厚的儒家思想的烙印，他在本书中以大量的语言文字阐释了"立德、立功、立言"的要旨，揭示了人生价值的深刻内涵。

【必读理由】

轻轻松松"话"出处世哲理

作者将自己对生活的感悟，随得随录，汇集而成这本书。此书文笔典雅，意蕴悠长，在平淡而优美的叙述中，娓娓道出了琐碎生活中做人的道理。正如同一德高望重的长者和一群后辈围着火炉，娓娓而谈。书中的许多话语虽以劝诚为主，但读来却无艰涩枯燥之感，反而觉得生动平实，将本来会令人觉得比较高深的哲理融入日常生活中，使人容易为其所感染而产生共鸣。

进行教育和人格培养的方法指南

《围炉夜话》一书中有许多则格言都论及教育和人格培养的处世智慧。第一则就写道："教子弟于幼时，便当有正大光明气象；检身心于平日，不可无忧勤惕厉功夫。""教子弟""检身心"，是人生"尽此身光大乾坤""留他日担当宇宙"的使命所系。然而，"正大光明教于幼，忧勤惕厉俭于心"。要教育培养晚辈正直、豁达、磊落的胸怀和气度，必须从幼年开始；要审视省察自己的思想行为，必须着眼于日常的生活。时时、处处、事事，都不能没有严谨而勤勉的督促和刻苦而耐久的砥砺。

"蚌死留夜光，剑折留锋芒。"正大光明是高远流芳的人格境界，也是光华闪烁的人生轨迹。而这种境界既不是先天的与生俱来，也不是生前身后的"回光反照"，而是在后天从幼年开始的教育、熏陶、习染中生成并进而达到升华的。因此，人生正大光明的品质和气度的培养，应前移至幼年，而不应延限于成年；应渗透于家庭、学校和社会的方方面面，而不应局限于某一阶层或某一方面。

随着社会的发展，人们越来越认识到幼教的重要地位和特殊功能。现代心理学家提出了才能递减的法则，即教育开始得越早，越能培养卓越的才能；而才能增长的可能性，随着年龄的增长，反而会迅速减少。这就是零岁教育的理论基础。《围炉夜话》的作者早在100多年前已经意识到这点。

"广积不如教子，避祸不如省非。"如果说教子正大光明是人生光华的延续，那么忧勤惕厉的慎省修身则是塑造人格、完善人生的泽本光源。但是，"检身心"的出发点，不是"现成理念，一习即染"，而是对具体的实践、行为的自省；其生成不是"一蹴而就""一劳永逸"，而是渐进而成、渐化而范；其升华不是"一潮涌来，万道霞光"，而是"涓涓细流，微微晶结"。

因此，检身心于平日的砥砺，贵在"三慎"：一是"慎微"，即"于细微处见精神"，从小事小节、一点一滴、细致入微处陶冶磨炼，做到"勿以善小而不为，勿以恶小而为之"；二是"慎隐"，即"入暗室而不欺"，在无人知晓、无人监督的情况下，不做亏心事，不取不义财，依靠自身的信念和毅力，自觉地洁心地、正身行，择善而从，保持高风亮节，致力有所作为；三是"慎恒"，即持之以恒，锲而不舍，反复雕琢，始终如一地保持高远的志向、艰苦的锻造。由此可见，作者在这方面的见解既精辟又深刻，发人深省。

说稳当话做本分人等处世智慧

《围炉夜话》中有许多论及说话和做人的格言，例如："稳当话，却是平常话，所以听稳当话者不多；本分人，即是快活人，无奈做本分人者甚少。"告诉人们，应该说平实妥帖话，做安分守己人。然而我们知道，在现实生活中，喜欢听平实妥帖话的人并不多，能够安分守己的人也很少，这便是人生的困惑和自扰。"清清白白做人"，"老老实实做事"，"本本分分生计"，"稳稳当当过活"，看似平凡而淡泊，实是高雅而快乐。真正促使人们心心相印、情理相融的却是那些妥帖无奇、谆切无夸、朴实无华的话语。《围炉夜话》中的这些格言都是颠扑不破的处世真理。

《围炉夜话》中，类似上面所列举到的处世智慧还有许多，例如："信字与恕字"——"信字是立身之本，所以人不可无也；恕字是接物之要，所以终身可行也"；"教小儿与待小人"——"教小儿宜严，严气足以平躁气；待小人宜敬，敬心可以化邪心"……这些格言言简意赅，极有见地，开悟人心，值得我们一读再读，细细领会。

【 阅 读 指 导 】

建议阅读时把自己受益的格言摘录下来，时常记诵时常阅览，使之深入自己的"下意识"，并且使之体现在自己的日常生活中。

一代商圣的处世智慧
——《胡雪岩全传》

作　　者：高阳

成书年代：20世纪60年代

必读理由：向胡雪岩学习成功的处世智慧

　　　　　借鉴胡雪岩败业的教训

【作者简介】

当代台湾历史小说家

　　高阳（1926—1992年），当代台湾作家，出身于钱塘望族。本名许晏骈，字雁水，高阳是他的笔名。他的创作始于1951年，专门从事历史小说的写作。其作品《慈禧全传》及《胡雪岩全传》等，确立了他当代首席历史小说家的地位。高阳一生著作有90余部，约105册，共分为宫廷、官场、商贾、"红曹"、名士侠士、青楼、学术等七大系列。他的作品的另一影响力来自影视改编，其中《胡雪岩全传》、《慈禧全传》、《铁面御史》、《李娃》等都已经被改编为影视剧、广播小说或长篇弹词。

【内容精要】

胡雪岩的人生传奇和为人处世之道

　　"经商要学胡雪岩，当官要学曾国藩"，胡雪岩是中国晚清第一大豪商，是中国历史上第一个与外国银行开展金融业务往来的人，也是第一个获清廷特赐二品顶戴、赏黄马褂、准紫禁城骑马的殊荣的人，被誉为"商圣"、晚清一大奇人。《胡雪岩全传》是一本传记文学，作者在这本书中叙述了胡雪岩一生的经历，艺术地再现了在近代中国半殖民地半封建社会的广阔历史背景下，胡雪岩由商而官、亦官亦商、暴起暴落的历史画面，再现了这个传奇人物的人生经历：从一个钱庄里"扫地、倒溺壶"的"学生子"，一跃成为"官居二品、头戴红顶、身穿黄马褂、拥资数千万两白银"的一代巨贾。这本书在讲述故事时，从多方面介绍了胡雪岩在官场、人际、处事、情感、商场、谋略等方面的处世为人之道。

【必读理由】

向胡雪岩学习成功的处世智慧

胡雪岩出身贫寒，却在成人后短短的十几年间就成为富可敌国的一代巨贾，胡雪岩的处世韬略与经商之道被世人称奇。高阳的这本《胡雪岩全传》对胡雪岩为人处世的智慧作了详尽的剖析和总结，我们从中可以向胡雪岩学到许多处世智慧，例如以下几点：

一、做个勤快爱学习的年轻人

赤贫出身、年幼丧父的胡雪岩为了谋生，年轻时做过小伙计。在杂粮店里，他"勤快自不必说，老板交代的事情，当然一丝不苟，老板没有交代的事情，能做的也尽量去做"。另外他在做这些的时候，完全没有想过：我这样做是要取悦老板进而提升。他是觉得自己机会难得，要珍惜，所以要好好学，学到手的东西才是自己的。正是因为他这样的朴实进取精神赢得了上司的青睐，也为自己赢得了机会。

在火腿行工作时，他不是只知道埋头干活，而是"什么都听，什么都学"。当他发现用钱可以赚钱，比人力赚钱来得容易时，就下定决心，要去钱庄当学徒。这个机会胡雪岩没有等，也没有贸然去争取，而是积极准备条件。他首先从侧面了解到钱庄当学徒的条件，然后自己朝着这个方向不断努力，用自己的实力去赢得进钱庄的机会。

二、慧眼识人，经营自己生命中的贵人

一个人要做成大事，只靠自己的力量是远远不够的，要学会借力使力。因此做大事的人更需要朋友，在和朋友的交往中，还要具有一定的鉴别能力，那就是要慧眼识人。

对胡雪岩来说，他生命中的第一个贵人是王有龄，第二个是左宗棠。胡雪岩在认识王有龄时，他眼中的王有龄"相貌堂堂，但衣衫褴褛，气色很差"。当在交谈中得知王有龄的身世和现状时，他觉得王有龄并非池中之物，这个人"奇货可居"，应该是自己生命中的贵人。于是，他不惜冒险帮助王有龄，开始用心经营自己的贵人。当王有龄以身殉职时，胡雪岩为完成他的遗志，历经万险，结识了左宗棠，取得了他的信任。然后，胡雪岩又开始用真诚的心去经营自己生命中的第二个贵人。这一次，他不是把左宗棠当作可居的奇货，而是调整自己的经营方式，"立己先立人，达己先达人"，辅助左宗棠成就了很多利国利民的大事，同时也在左宗棠的帮助下成就了自己，最终成为富可敌国的红顶商人。这一切不能不说是胡雪岩一生中令人惊叹的手笔，值得人深思。

三、善于替别人着想

善于设身处地替别人着想是胡雪岩成功的一个很大性格因素。胡雪岩经常说的一句话就是，"前半夜想想人家，后半夜想想自己"。正是这种态度才使得他在商场中交友无数，平步青云。无论江湖上的朋友还是生意上的伙伴都愿意与他合作，就是因为他时时刻刻替他人着想，而且总是慷慨大方，济困扶危。例如，胡雪岩在解决漕米运送的问题上，处处为漕帮着想，主动放款给漕帮，解决了他们的经济困难，同时又为他们介绍生意，让他们有钱可赚。胡雪岩因此受到漕帮领袖的尊崇。后来在胡雪岩需要帮助的关键时刻，这些人物都鼎力相助。

胡雪岩正是凭借着这样一份大人物的大责任心，和设身处地为别人着想的态度，塑造了一个做人的金字招牌，从而也为自己获得了意想不到的大利。

四、乐观和包容

从始至终，胡雪岩都没有失去过乐观和包容的本性。窘迫时，他能保持悠然自得；困境中，他依然能苦中作乐。当王有龄困在杭州城内都绝了希望的时候，胡雪岩虽然眼圈也红了，自己又才刚捡了一条命回来，却还是不忘告诫自己，不能不从无希望中去寻找希望，哪怕只是一个缥缈的希望也不能放弃。于是，不管是为了王有龄的情谊，还是对杭州百姓的责任，胡雪岩作出了不惜以身相殉的决定。如此坚决的态度感动和吓退了洋兵，成功救助了王有龄，让人震撼。又如，在胡雪岩败落钱庄倒闭、财产被封、家贼背叛四面楚歌的时候，胡雪岩虽然恨不得一口唾沫当面吐在那个家贼的脸上，但是那念头也是一起即消。因为即使是在这种时候，他依然告诫自己不怨天尤人，最好能够忘掉他是钱庄的东家，只当自己是自己的"总管"，如此来解决所有的难题。这种胸襟和气魄怎不让人敬佩！

借鉴胡雪岩败业的教训

绚烂一生的胡雪岩之所以会最终一败涂地，几乎到了死无葬身之地的地步，究其原因就是他被眼前的辉煌遮蔽了双眼，看不清身处顺境时其实是最危险的时候，不懂得不要给人留下把柄。当胡雪岩一路顺风顺水走到人生顶峰时，他不明白自己已经成了别人嫉妒的对象，成了风必摧之的秀木，他不知道有多少双眼睛在盯着自己，时刻想击垮自己。一旦成名，一言一行都可能成为新闻或绯闻，让人臭名昭著。这时最需要的就是要检点自己。胡雪岩在这种时候却没有做到检点自己，为人留下了击垮自己的有力证据。这是我们从他的失败中可以得到的一点处世教训。

【 阅读指导 】

这部传记文学引人入胜，胡雪岩的处世智慧交织于他的人生故事之中，我们在阅读时最好及时归纳和记录自己的阅读感悟，建议采用作旁注的方式，这样既不会太多地影响阅读速度，又能使自己过后回看时，仍能清楚明白自己的感悟所依托的具体文段。

经久不衰的处世指导书
——《人性的弱点》

作　　者：卡耐基

成书年代：1937年

必读理由：指导我们获得成功所必备的交际能力

　　　　　以讲故事的方式呈现处世哲学

【作者简介】

美国"成人教育之父"

　　戴尔·卡耐基（1888—1955年），出生于美国密苏里州布法罗的一个贫穷农民家庭。他大学毕业后，回顾在学院的四年，他发觉演讲训练比其他所有课程更让自己受益。无论在工作上、生活上，它帮助自己克服了羞怯、自卑，增强了勇气、与人交往的信心，并让他懂得成功总是青睐那些敢言者。于是他在基督教青年会夜校开始了教书生涯。

　　苦于找不到令人满意的教科书，他着手自编教材。《人性的弱点》（直译为《如何赢得友谊与影响他人》）便是其中最为人称道的一本。自从1912年卡耐基的培训课程问世以来，他唤起了普通美国人拥有更多自信的愿望；他的思想和观点影响着美国人，甚至改变着世界。因为他的非凡成就，人们把他尊为"美国现代成人教育之父、人性教父、人际关系学鼻祖，20世纪最伟大的成功学大师"。

　　除了《人性的弱点》之外，卡耐基的其他经典著作，如《人性的优点》、《有效沟通的捷径》、《如何享受生活和工作》等也不断再版，畅销至今。

【内容精要】

针对人性的弱点来为人处世

　　《人性的弱点》一书是被誉为"成人教育之父"的戴尔·卡耐基所著。这本书的内容用一句话来概括就是：认清人性中的弱点，当我们办事的时候针对这些弱点下手，就会事半功倍，顺利成功。

全书的内容精要具体如下：第一章，人际交往的基本技巧；第二章，让别人喜欢你的六种方法；第三章，如何赢得别人的认同；第四章，如何更好地说服别人；第五章，让你的家庭幸福快乐；第六章，走出孤独忧虑的人生；第七章，安排好你的工作和金钱；第八章，如何保持充沛的精力；第九章，克服忧虑的真实故事。

【必读理由】
指导我们获得成功所必备的交际能力

卡耐基说："一个人的成功，只有15%归结于他的专业知识，还有85%归于他表达思想、领导他人及唤起他人热情的能力。"他的这本《人性的弱点》有助于我们获得成功所必备的一些交际能力。

这本书的每一个章节都用简短的语言归纳成一条条生活及处世准则，使我们感觉实用又印象深刻。而且，其中的提示与建议都有着极强的可操作性。

它告诉我们如何了解人，如何与人相处，如何让人喜欢自己，从而如何使自己取得成功等等。卡耐基认为：在人际交往中，不要经常使用"批判"，因为任何人无论做错什么事，而且无论错误有多么严重，绝大多数情况下都不会自责，这就是人性的弱点。批评是危险的，因为常常会伤害一个人宝贵的自尊，伤害他的自重感，并激起他的反对。所以真正有智慧的人都不会简单地批判对方，而是试着去了解对方，弄清楚他们为什么会那样做。

卡耐基还告诉我们："在人类的天性中，最深层的本性就是渴望得到别人的重视。"因此，我们应该学会看到别人的优点，并给予挚诚的赞赏。每个人都喜欢听好话，但不要虚伪的恭维。发现他们的好的一面，给予肯定，这是他们需要的语言。激发别人内心渴望的要求，设身处地地为别人着想。他还说道："微笑，是最好的语言。"这些为人处世的原则让我们重视我们的朋友，更容易获得别人的喜欢，也让我们更容易取得成功。

《人性的弱点》中还有这样一句话能给读者以人际交往方面的指导——"你如果关心别人，在两个月内所交的朋友，就比一个需要关心他自己的人，在两年内所交的朋友还要多。"真诚地关心他人是人所具有的优良品质之一，这样的人在生活中肯定能不断地收获友谊。由此看来，人际交往并不是简单的技巧，而是落到实处的心灵修炼。

此外，在这本书中，卡耐基在教育孩子、工作、谈判、婚姻等方面都提出了不少中肯的建议。

这本书的独特价值概括地来说就是：了解了他人身上的弱点，就可以使我们每一个人在日常的交往顺利进展；了解了自身的弱点，可以使自己扬长避短，凸现自己的优势，从而建立美好的人生。正如卡耐基所说，本书的唯一目的就是帮助你解决生活中所面临的最大问题：如何在你的日常生活、商务活动与社会交往中与人打交道，并有效地影响他人。这本书也确实发挥了这一方面的作用。

以讲故事的方式呈现处世哲学

《人性的弱点》全书以一种讲故事的方式，深入浅出地给我们讲授如何更好地工作、生活及处世，完全没有同类书籍那种晦涩难懂的专业哲学语言，将一些简明却易被忽略的道理，通过现实事例展现在我们面前，使我们在听故事的同时就把一些深奥的生活及处世哲学了解于心。整个读书过程像是在人性的世界中进行了一次心灵之旅，各种人性的弱点在这里被剖析得淋漓尽致。卡耐基以对人性的深刻洞见，利用大量普通人不断努力取得成功的故事，点燃人们享受生活、热爱生活的激情，激励人们取得辉煌的成功。

【 阅读指导 】

我们不要在迅速阅读每一章并得到一个概念后，就急于想看下一章，除非我们只是为了消磨时间而阅读。假如我们是为了提高人际关系的技巧，那么，详细研读这本书，这才是最省时和最有效的办法。

在我们阅读的时候，不妨偶尔稍停，思索自己阅读的是什么，并问自己在何时何地如何来运用书中的建议。遇到一项对自己有用的建议时，我们最好能划出着重标记的符号，这可以帮助我们迅速有效地温习，使自己从中得到更大收益。

文化老人的处世感悟
——《阅世心语》

作　　者：季羡林

成书年代：2007年

必读理由：文化老人90多年的处世感悟

【作者简介】

跨越世纪的文化老人

季羡林（1911—2009年），山东清平人，1930年考入清华大学西洋文学系，1934年毕业，在山东省立济南高中任国文教师。1935年秋进入德国格廷根大学学习梵文、巴利文、吐火罗文等印度古代语言。1941年获哲学博士学位，并应聘留校任教。1946年回国，任北京大学东语系教授、系主任（至1983年）。1978年开始兼任北京大学副校长，至1984年离职。2009年，病逝于301医院，享年98岁。

季羡林通晓梵语、巴利语、吐火罗语等语言，是世界上仅有的几位从事吐火罗语研究的学者之一。他曾长期致力于梵文文学的研究和翻译，翻译了印度著名大史诗《罗摩衍那》。此外他还创作许多散文作品，已结集的有《天竺心影》、《朗润集》以及《季羡林散文集》等。

【内容精要】

季老先生对于人生和世事的感悟

这本书是一本杂文选，收录了季老先生从20世纪90年代到北京奥运年的几十篇随笔。编者把书分为了四篇：众浪大化中、学海泛槎、流年碎影、相期以茶。文章或告诫年轻人勿忘传统，或提醒世人道德之重要，或漫谈人生哲理，可谓是学术大家季羡林先生结合自己90多年的生活体验，对于人生和世事的感悟的集大成之作。

【必读理由】

文化老人90多年的处世感悟

这本书收录了季老先生关于人生、治学、生活等方面的文章，涉及的主题有缘分与命运、做人与处世、容忍、成功、知足、朋友、毁誉、压力、长寿之道、伦理道德等，从中可以窥见这位清癯矍铄的文化老人的生活态度、人生智慧，以及对于人生意义与价值的追寻。

黑格尔曾说，同一句格言，在一个饱经风霜、备受煎熬的老人嘴里说出来，和在一个天真可爱、未谙世事的孩子嘴里说出来，含义是不一样的，"老人讲的那些宗教真理，小孩子也能说，可是对老人来说，这些宗教真理包含着他的全部生活意义"。

季老先生年逾九旬，对人生和世事已然大彻大悟，他倾其一生的感念，用平实而真诚的文字诠释这个世界，从而启迪我们的人生。古往今来，世上有多少人在探讨人生的价值，季老先生的一句"如果人生真有意义与价值的话，其意义与价值就在于对人类发展的承上启下、承前启后的责任感"，让人们豁然开朗。

季老先生说："走运时，要想到倒霉，不要得意过了头；倒霉时，要想到走运，不必垂头丧气。心态始终保持平衡，情绪始终保持稳定，此亦长寿之道也。"季老先生的这个修身养性的秘诀，对于年轻后辈来说，确实是微言大义。

季老先生把"忍"这一态度放到了极高的地位。他在书中说："对于人与人的关系，我的想法是：对待一切善良的人，不管是家属，还是朋友，都应该有一个两字箴言：一曰真，二曰忍。真者，以真情实意相待，不允许弄虚作假。对待坏人，则另当别论。忍者，相互容忍。"他还说："容忍是中华美德之一"，"温馨是家庭不可或缺的气氛，而温馨则是需要培养的。培养之道，不出两端，一真一忍而已"。"真""忍"确实是为人处世的真谛。

【阅读指导】

季老先生的散文自成风格，建议我们在阅读时对其语言文字多加品味。